是家人也是他人

即使是家人，也是另一個獨立的人！

如何讓親情不再是負擔？

元貞美 著　**袁育媗** 譯

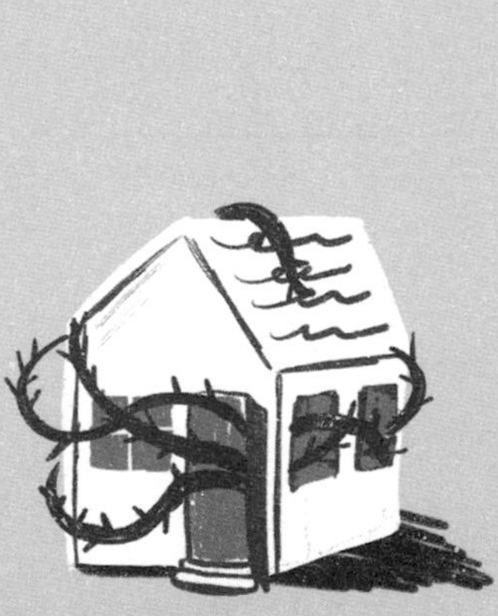

가족이지만 타인입니다

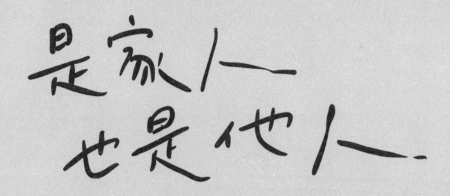

推薦序

開始看見，停止讓創傷傳遞給下一代

美國諮商教育與督導博士　留佩萱

身為一位創傷治療師，我常常閱讀創傷相關書籍，而近年來，比起充滿學術詞彙的專業書籍，更讓我感動與共鳴的，是那些作者撰寫真實的人生經歷、成長與反思故事。而《是家人也是他人》就是這樣的一本書。

這本書的作者元貞美是一位在美國執業的韓裔心理治療師，她生長在一個非常重男輕女、母親情緒虐待、父親漠不關心的家庭中，讓她從小覺得自己很糟糕、成年後也無法信任任何人。後來移居美國踏入心理諮商領域後，她開始理解自己與父母，並且努力做改變不讓創傷傳遞給下一代。

不把創傷傳遞給下一代需要非常多自我覺察與療癒。我很感激作者很誠實地寫出她教養的掙扎。她說，教養中讓她最折磨的，是要努力抑制想對孩子吼叫打罵的衝動。有許多次她對女兒發飆、然後又哭著對女兒道歉，她不想讓創傷傳遞下去，卻發現自己正在複製自己的媽媽對待她的方式，讓她非常痛苦。作者比喻著，虐童世代相傳就像是車子連環追撞，你突然被後車用力撞後，只能失控撞向前車。作者不想要追撞孩子，但當她內心那些尚未處理的童年傷痛被觸發時，讓她很想朝著孩子撞去。

我很喜歡作者寫的「車子追撞」比喻，而療癒，或許就是從這樣的「看見」開始——看見小時候的你被撞了、也看見追撞你的那台車怎麼了？作者在書一開始描述了她父母親的童年也充滿許多創傷，這些創傷讓她的父母在教養中不斷朝她追撞。而當我們能把視角再拉遠一點，看到的就不只是父母，還有父母身後的祖父母、曾祖父母⋯⋯，可以看到這些車子如何連環追撞、創傷如何一代一代傳遞下來。

當然，「看見」這些追撞的車子不代表同意或容許這些行為，我們每個人內心可能對父母有各種複雜的情緒與感受，這些都是正常的——你可以理解父母的童年經驗如何形塑他們、對於他們造成的傷害感到憤怒、對於你的童年感到哀傷、也同時感激父母對你的照護⋯⋯，這些不同的部分都可以同時存在，都需要好好被傾聽。

但是當我們能夠「看見」，就可能有不同的可能性。這本書令我很感動的，是作者的媽媽也有機會「看見」了——在奉獻了一生給家庭後，作者的母親重返校園修習了心理學，理解到自己過去的教養方式讓孩子受創，進而向作者道歉，母女重新修復關係。父母能夠反思、與子女道歉與修復關係，這對許多人來說是不可能發生的事情，我們也無法強求父母親這樣做，就像作者的父親，依舊無法改變、無法看見。

而或許我們每個人需要的，就是這份「看見」——把視角拉遠、再更遠，看見童年時期的自己、看見父母、看見家族創傷、看見世代創傷。然後知道，發生在你身上的童年創傷，都不是你的錯，但是唯有你自己，才能不讓創傷繼續傳遞下去。

願這本書可以讓更多人開始看見、開始做改變。

作者序

找到和家人間「最剛好的距離」

在一個和煦的早晨，我們全家人吃完早餐，一起在社區散步。這是新冠肺炎爆發之後，我們家新建立的例行公事。我們臉都沒洗，穿著睡衣和運動服就出門了。孩子們興高采烈地踩著腳踏車和滑板車，丈夫跟我手牽手漫步在加州溫暖的陽光下。

想到新冠肺炎似乎遙遙無期，我突然對未來感到茫然。我把內心的焦慮與不安告訴了丈夫，他說：「有我在，妳擔心什麼？」他溫暖的手緊緊握住我，也安定了我的心。如此幸福的生活，對於三十幾年前蜷縮在釜山某個小房間裡哭泣的女孩來說，是遙不可及的。

我從小就沒有什麼遠大的夢想，只想建立一個幸福家庭，即使窮也沒關係，不成功也無所謂，只要有一張簡單的飯桌，大家相親相愛地圍坐在桌前，關心彼此的狀況、有說有笑的，我就心滿意足了。我渴望建立一個小時候我未能擁有的美滿家庭，即孩子完全信賴父母，夫妻相敬如賓、恩愛和睦。

很多人說夢想就是很難實現的夢，所以我偶爾也會不禁懷疑現在擁有的一切是否真實。幸福的家庭是我所追求的目標，但並非所有人都在追求這個目標，畢竟每個人想要實現的夢想都不一樣。我只是很好奇，為什麼曾經遙不可及的夢想現在卻實現了，於是我開始探索其原因。

原來，我現在能夠擁有自己的家、過著夢想中的生活，是因為我沒有忽視受傷難過的內在小孩，我選擇自我回顧、關懷內在小孩，即使這個過程很煎熬。我也證明了一件事，那就是不論遇到什麼狀況，我都可以透過自己的選擇和對選擇負責，讓人生變得更好。不論你現在的夢想或願望是什麼，我相信「自我回顧」是實現夢想的第一步。

保持適當距離，關係才能更健康

在我成長的環境中，性別歧視和冷漠的家庭氣氛讓我成為一個自我價值感低、無能為力的人。我認為自己不值得被愛、是無力的，這變成了我心靈深處的創傷。

後來我研讀心理學與諮商心理學時才明白，人存在的意義不應取決於他人。我還學到，**即使是有血緣關係的家人也不一定能夠好好愛彼此**，甚至有時還必須保持一定的距離。我們應該用對待外人的態度來對待家人，拿捏好適當的距離、維持應有的禮貌，才能有效地讓關係變得更健康。自從我和曾經傷害我的家人保持距離，學習先關照自己、愛自己後，我才終於能自我修復。

過去帶給我的匱乏和創傷，讓我對人類心理產生濃厚的興趣，也讓我無心插柳地成為了一名美國心理治療師。現在，我在加州的兒童與家庭諮商所提供諮商服務，幫助許多家長和孩子解決代代相傳的心理衝突、依附關係和匱乏等問題，並為移民到美國的韓國家庭撰寫心理諮商專欄，提供家長們輔導及諮商課程。當我看到他們有更健全的心理狀態時，我感到非常欣慰。也許，過去發生在我身上的創傷和痛苦，就是為了成就現在的我吧！

坦白地說，公開自己過去的不幸和極為私人的家族史並不容易，就像一絲不掛地站在人群中被人看光光一樣，不僅我自己感到難為情，也好像在懲罰我的父母。雖然他們不是恩愛夫妻，但確實盡了身為父母的責任。因此，我一直覺得這本書的出版是不孝的。但是，如果這本書可以稍稍幫助到那些跟我經驗類似，且夢想建立幸福家庭的人，就算失去面子或感到罪惡，也是值得的。

目次

Part 2 在美國的新生活

Part 3 當媽媽之後，我才遇見內在小孩

Part 4

療癒自我，從覺察內在開始

Part 1

看似普通卻不尋常的童年

其實我曾經想自殺

感受不到愛的童年

我小時候的家就在菜市場巷子外，街景就像韓劇《請回答一九八八》裡的雙門洞一樣，每戶人家的牆和大門都長得差不多。我家正門進去是一個小院子，院子的角落有個小水槽，母親每次都在那裡敲著棒槌洗衣服。穿過院子和玄關就是客廳，我小時候常常在客廳裡觀察母親和祖母是不是又在吵架。

幾天前大人之間就有陣刺骨的寒意，果然不出所料，房間裡傳來母親和祖母的大聲嚷嚷，衝突終於爆發了。我猜晚上父親回來又會是另一場戰爭，這次會吵多久？一週？一個月？為了不要惹大人生氣，我連呼吸都要很小心，這種噤若寒蟬的生活我實在受夠了，吵吵鬧鬧的日子什麼時候才能結束？真的會有結束的一天嗎？

我每天在家裡戰戰兢兢，很想一死了之。可是在外人眼裡，我們家只是個再正常不過的普通家庭，三餐有飯吃，父母勤奮老實又有責任心，不沾染酗酒、外遇、賭博、詐欺等惡習。我以為一九八〇年代大部分的孩子都是這樣被打罵大的，我家的情況並不特別，但是等我再大一點，我才發現我們家的婆媳問題特別嚴重，隨之引發的夫妻吵架也比別人家頻繁。雖然我有得吃住，但總是感到焦慮和孤單，好像沒有人愛我。

後來我們家改建成一棟三層樓的樓房，雖然家庭環境變好了，但狀況一樣。有時候我會跑到頂樓往下看，心想「從這裡跳下去摔得死嗎？」我常常沒來由地肚子痛，總是焦慮不安，每天做惡夢，如果有方法能無痛地死去，我希望自己死了算了。

三十年後，我在美國攻讀諮商學才知道，一般的孩子並不會有這種情緒跟現象，原來那是「兒童青少年憂鬱症」，但是包括當年的我在內，沒有人知道這個事實。

心理學博士琳賽．吉普森（Lindsay C. Gibson）在她的《假性孤兒》一書中說到：

生長在父母皆情感缺失的家庭，是很孤單的成長經驗。這些父母的外表和行為看起來一切正常，也會關心孩子的身體健康、提供溫飽、注意孩子的安全；然而，若不和孩子建立穩固的心靈互動，孩子就會欠缺安全感。

是的，我小時候沒有和家人建立心靈互動，也感受不到安全感和被愛的感覺。

父母用自己的方式愛我們

雖然現在的學校已經很少體罰了，但在我那個年代，老師比家長還更有權威，老師的話就是王法，幾乎每個人都有被掃把棍打過屁股，或是連續一個小時扛著椅子在桌上罰跪的經驗。我在家裡已經如坐針氈，在學校依舊戰戰兢兢，沒有一刻能放鬆。

我天天往返家和學校，經常感到焦慮和憂鬱，可是沒有人發現。父母忙著養家糊口，大人光是處理自己的問題都忙不過來了，根本無暇理會我這個微不足道、可有可無的存在。我覺得家裡沒有人愛我，心想「既然不愛我，為什麼要生我？我真的是他們的親生女兒嗎？」我常常幻想自己跟《小公主》裡的莎拉一樣，說不定哪天真正的親生父母會來找我。

隨著時間流逝，我也為人父母，還成為了心理治療師。我終於懂了，我的父母確實愛我們兄妹倆，只是用的是他們從上一輩身上學到的方式，他們的方式從某方面來說是冷血且殘酷的。從心理治療師的角度來看，我父母小時候其實是嚴重的受虐兒。韓戰後出生的孩子幾乎都被虐待過，大家都很苦，而我父母的狀況又特別嚴重。

他們用自己學到的經驗來教養孩子，不是用愛、容忍、包容，而是用恐怖的體罰、威脅、恫嚇等方式要孩子順從。自從我開始接觸諮商，才明白父母的行為只是一種不成熟的防衛機制，就像越膽小害怕的狗，越愛狂吠和攻擊一樣。他們為了釋放隱藏在內心的不安和恐懼，解決的方式就是責罵和威脅。

長期缺乏的愛

成年之後，我的內心依然不平靜，時常埋怨父母。另一方面，我同時也責怪自己太自私、太小心眼，我又不是一天到晚被虐待大的，為什麼如此想不開？某天，在婚姻家庭治療師實習的創傷訓練課程中，教授的一句話讓我茅塞頓開。

「創傷源自於該有卻沒有，不該有卻發生的事。」

孩子要健康成長，除了經濟上的滿足之外，情感的滿足也非常重要，也就是所謂穩定的依附關係和健康的心靈交流。家人之間應有的溫情、尊重、溝通，在我們家都沒有。也就是說，我該有的卻沒有，所以我會受傷是再正常不過的事，並不奇怪。

世界知名創傷治療大師貝塞爾．范德寇（Bessel van der Kolk）在《心靈的傷，身體會記住》一書中強調，兒時被虐經驗和不穩定依附關係的影響力，他認為童年時期如果未能從照顧者身上感受到愛和安全感，長大後就很難與人建立穩定和諧的關係，因為他們的大腦迴路沒有建立起對外界的信任感和安全感，而是建立起對他人的懷疑、戒備、焦慮和不信任感。**長期的情感缺乏與忽視所帶來的傷害，其實不亞於強暴或身體虐待。**

講到「創傷」，很多人會想到單一的重大事件，例如災難或意外。然而，自我存在與價值被長期貶低也可能形成創傷。因此，人類其實比我們想像的更容易受傷，也更容易造成他人的創傷，而我也是成年之後才發現自己的創傷。

愛自己的練習

童年情感缺乏檢查表

項目	YES	NO
父母情緒不穩定，我沒辦法依靠他們。		
父母因為生理或心理疾病而脾氣暴躁，或對我漠不關心。		
我身邊沒有能讓我倚靠心靈的大人。		
父母時常吵架，感情不睦。		
家人之間總是充滿言語暴力，例如指責、比較、謾罵。		
家裡很少有衝突，但是氣氛冷冰冰，缺乏溝通與歡笑。		
家人之間很少有自然的身體接觸、稱讚、鼓勵。		
父母對我的期待很高、掌控欲很強。		
父母因為貧窮、疾病、家人關係不睦等問題而忙得不可開交。		
我經常因為父母的工作而搬家或轉學，因此很難結交朋友。		
父母具有完美主義傾向，不允許我犯錯或失敗。		

上述表格中，若勾選超過二至三項，表示童年情感缺乏或精神虐待的經驗，已不自覺地在你心中留下空虛感和創傷。這是很正常的現象，因為一個孩子要健康成長，除了提供他生理和物質條件的穩定和照顧之外，更重要的是情感的穩定和關愛。**在你試圖理解父母以及自己的過去之前，第一步應該先客觀回顧自己的成長過程。**

我的原生家庭

母親小時候

母親一如往常地跪在地上擦地板，一邊放著趙容弼的黑膠唱片。家裡要維持生計不容易，但母親卻收藏了非常多唱片，那些都是她努力省吃儉用，用微薄生活費省下的錢買來的。對她而言，生活唯一的樂趣就是伴著喜歡的歌曲哼唱。母親對音樂的愛和敏感度跟外公如出一轍。

雖然我從未見過外公生前的樣子，但從泛黃的老照片中可以看得出來他英俊瀟灑，個子也很高。我總說要是外公生在對的時代，說不定會是歌手或電影明星。然而，外公在他應該讀高中的年紀參與了韓戰，從此就染上酗酒的習慣。我想他當時應該有很嚴重的創傷後壓力症候群（PTSD），畢竟在槍林彈雨的戰場上，看見彼此為了生存而互相殘殺，對一個情感豐沛的青年來說，一定是莫大的精神折磨。外公因此用酒精來麻醉自己，很早就因病過世了。想當然耳，不論身為一家之主還是丈夫，他都失職了。

家貧失學的外婆為了照顧三個孩子和臥病在床的丈夫，每天披星戴月地工作。她天天忙著解決迫在眉睫的生計問題，根本無暇關心女兒，甚至把生活勞苦和沒讀過書的怨氣發洩在孩子身上。我聽說外婆以前外出工作時，居然把不到三歲的母親一個人關在房間裡，而且母親小時候講話慢，外婆就生氣地用長竹棍打她的嘴巴，把牙齒都打斷了。當時母親還那麼小，該有多害怕呢？三歲不到的孩子被鎖在房裡，我能想像她嚎啕大哭求開門的樣子，無論她怎麼哭都沒有用，只能絕望地望著深鎖的門。

母親身為長女，比妹妹們承受更大的壓力和恐懼，所以當她滿二十一歲應父母之命認識了父親，就像逃命似的在三個月內迅速完成婚事。她以為結婚就能擺脫不幸和痛苦，但她做夢都沒想到自己即將面對比外婆更可怕的婆婆。即使結了婚，淒慘的日子仍然沒有結束的一天。

父親小時候

小時候父親每次帶我回老家，我總是睡不好，因為老家是茅草屋，土牆的屋頂上錯綜交織著樑木和桁木，好像隨時都會有蛇或老鼠從縫隙中竄出。院子裡有放山雞自由地到處奔跑，還有用木板隨便搭建起來，連一盞燈都沒有的傳統茅廁，就算是大白天我也不敢去。父親從小雖然在沒電供應的偏鄉長大，卻能逆流而上，成功地在釜山找到了一份還不錯的工作，並且把寵愛他的母親一起接到釜山生活。

我無法理解祖母同樣身為女人，為什麼特別討厭女性。但我唯一能確定的是，祖母在鄉下農村因為女性的身分受到了很大的羞辱和痛苦，所以她才常常要我幫她買酒買菸嗎？她的房間總是瀰漫著白煙，遇到不順心的日子時，還會看到地上堆積著燒酒瓶。

祖母是文盲，七個孩子有四個因為傳染病和地方性疾病不幸病故，剩下的三個兒子之中，大兒子過繼給了膝下無男丁的大伯父家，小兒子則是小村子裡惡名昭彰的小混混，因此祖母把所有的希望都寄託在乖巧聽話的二兒子，也就是我父親身上。父親是個凡事順從的孝子，因為只要兒子或媳婦違背祖母的意思，她就會來個一哭二鬧三上吊的戲碼。或許祖母從生活經驗中發現，這種方式是她唯一的生存之道吧？

父親每天下班後就直衝祖母的房間，母子一起吃晚餐、抽菸、看電視，直到祖母準備就寢時才回主臥室。父親雖然是個大人，內心卻還停留在祖母心中那個乖巧聽話的小男孩階段。對他來說，養活一家子、照料親戚，就是他活著的目的和理由。他以為只要脫離貧困，就能解決自己和家人間的所有問題。父親會做的除了工作賺錢之外，就沒別的了。

精神虐待會潛移默化，代代相傳

同樣有著不堪成長過程的男女結為夫妻，他們所組成的家庭也不可能健康。夫妻倆內在都不成熟，婚後每天都像在打仗。我父母曾說，他們絕對不願意把小時候的痛苦傳給下一代，但是為什麼還是這樣代代相傳呢？那是因為他們不知道如何去愛，他們以為只要把孩子養大、供他們上學就夠了。他們不曾經歷過健康的愛，也就不知道該怎麼好好愛我和哥哥。對他們來說，養活孩子就是愛，而當時的我還小，沒辦法理解父母。這種狀況不只發生在我身上，也常常發生在雙親經歷過戰爭、貧困、虐待的家庭中。

在包文的《家庭系統理論》（*Family Evaluation*，Murray Bowen 及 Michael E. Kerr 著，本書無中文版，讀者可自行搜尋原文書籍）中提到，要了解患者的家庭問題和患者本身的狀態，必須追溯他的自身、父母、祖父母，一共三代的過往，**因為家庭中根深蒂固的問題、固定的依附關係和溝通模式通常都是代代相傳的**，只要能了解每一代反覆的問題模式是什麼，就能預防問題一再承襲下去。我們之所以會不自覺反覆上一代的模式，是因為人類沒辦法獨自生存，我們都是透過模仿和學習周遭環境而自然習得事物，而模仿和學習的關鍵場域就是「原生家庭」。

自從有了孩子，我就常常感受到基因的威力。孩子長得像我跟丈夫就算了，連興趣、氣質、專長都像，真的很神奇。甚至沒人教，孩子的生活習慣也越來越像我們，簡直就是我們夫妻的翻版。然而，不論基因威力多大，還是不能小看環境的影響力。孩子呱呱墜地的那一刻起，他什麼都只能靠別人，沒人餵奶就會餓死，如風中的燭火一樣脆弱。這麼一個脆弱的新生兒要能長大成堅強獨立的人格個體，全都靠環境跟照顧者的力量。因此，為了全面了解一個人，我們要從他成長的時代背景和父母的教養態度下手，而為了了解他的父母，又得追溯到他祖父母的時代背景和教養態度。

一九六〇年代時，韓國平均國民所得約七十至八十美金，可以算是落後國家中殿後的了。當時一天吃一頓都算奢侈，因此大家最關心的就是能不能好好活下去。在這種求生存的環境下，人們只在乎能不能滿足吃喝拉撒睡的基本生理需求，在生存和安全受到保障之前，不會有多餘的心思去關心其他事，也就沒辦法對他人產生同理心。

創傷最可怕就在於即使狀況改善，已經不再需要擔心生存和安全的問題了，受創人的內心卻還是持續感到緊張害怕。他們依然只在乎是否安全，所以無法有足夠的同理能力。**這些人常常會在不知不覺間傷害身邊親近的人，如果不自我反省或覺察，問題就會一代傳一代。**

我內心住著另一對父母

「那裡有位子了，妳去坐。」母親指著公車另一頭空出來的座位。

「沒關係，我喜歡站著。」

我站在母親座位旁邊，手緊緊地抓著拉環，看得到她我才安心。還記得小時候每次跟母親一起搭公車，我都很害怕她會受不了困苦的婚姻生活，偷偷下車把我一個人丟下。

我到現在還記得母親一個人在臥房，把頭埋在棉被底下的背影，好像隨時都要崩潰。母親總是很憂鬱，也常常生病。連我一個小孩子都看得出來她受到很多委屈，她總有做不完的家事，還要幫父親做工業塑膠包裝裁切，每天沒日沒夜地忙著包裝，還要搬運重得要命的塑膠膜，連肩膀都傷到了。幾個遠房侄兒為了幫忙父親做生意，總是有兩三個人會借住在我家，當時一袋米不到一個月就吃光了。母親平時不僅忙做飯，一年還有超過十二次的祭祀要準備，每到週末家裡就擠滿了父親那邊的親戚。除此之外，她還要應付祖母不時的無理取鬧。這一切母親都只能一個人承擔。

母親說，當時身體雖然累，但最痛苦的是心。她為這個家做牛做馬，自己的丈夫卻連一句貼心的話都不說，因為父親認為幫妻子出氣是愚昧的行為。再加上父親又是祖母的孝順兒子，母親常常感覺自己孤立無援，這讓她非常傷心，身體狀況也變得很差。

她每天都恨不得一死了之，恨不得離家出走，但她又不忍心讓我跟哥哥從此變成沒媽媽的孩子，因此常陷入內心交戰。有一天，母親再也忍不下去了，帶著才國小三年級的我和五年級的哥哥投奔阿姨家。我很擔心父母鬧離婚，但更害怕母親把我丟在阿姨家，自己跑掉。萬一母親真的跑了，要我跟一點都不在乎我的祖母和成天只忙著工作的父親一起生活，寧死都不要。每當母親徹夜未歸，我就會擔心地跑出門，穿著睡衣在村子裡到處找她。

大概是我的生存本能告訴我，不能成為母親的包袱。如果連我都讓她心煩，說不定她就真的離家出走了。因此，我從小在感情上就不太依賴父母，我不能讓自己變成家裡的廢物或惹事鬼，畢竟父母要面對岌岌可危的婚姻關係和隨時可能擦槍走火的婆媳問題，我不能再去添亂。

對於一個孩子來說，沒有可以安心依靠的家人是一件非常孤單痛苦的事。

我總是在察言觀色，就算難過生氣，也只能把情緒往肚子裡吞，幾乎每天都躲在被子裡哭到睡著。在我的內心深處，住著當年拉著門把大哭的三歲母親，以及祖母唯一的希望、最孝順的二兒子，也就是我的父親。

愛自己的練習

原生家庭中，代代未解的問題是什麼？

- 父母曾經有過被祖父母在生理或心理上的虐待、忽視、遺棄、放任不管等經驗。
- 祖父母對子女差別待遇，或採取高壓管教方式。
- 父母曾經有嚴重的經濟問題，或屬於低收入戶。
- 父母和祖父母目前仍經常發生爭執。
- 家族中有代代反覆發生的行為或狀況（如：離婚、婚外情、酗酒、暴力、賭博等）。
- 父母目前仍無法擺脫祖父母的過度干預或控制。

假如你的父母親曾經有過上述的經驗，他們可能就有過被虐待、拋棄、放任不管、依附關係不穩定的過往。如果沒有特別努力去面對這些問題，或是沒有出現其他的對象一起填補虐待和情感的缺失，那麼這些問題就會被承襲到下一代。**因此，要理解父母，就必須先了解祖父母的管教方式和成長背景。**除此之外，為了不讓問題一代一代反覆發生，努力自我警惕也非常重要。

寧可挨打

看不見的瘀青——精神虐待

轟動韓國的「韓國女童遭養父母虐待致死案」，讓虐童問題更受重視，政府不僅修法加重虐待兒童的處罰力度，國民對虐童問題的認知也改變了。虐待不限於身體上的施虐，任何讓孩子感到不安與恐懼的行為也都可以算是虐待。受虐女童鄭仁的養父母還有個親生女兒，她雖然沒有遭到母親直接的身體虐待，但她的恐懼肯定不亞於妹妹。看妹妹被虐待，她知道萬一自己不聽話，也會遭受相同的處罰。精神上的恐懼與不安也算是虐待的一種。

虐待兒童大致可分為四類：身體虐待、性虐待、精神虐待、遺棄或放任的虐待。除了精神虐待，其他三種都會在身上留下痕跡，因而有機會被人發現，例如鄭仁事件。但是精神虐待留下的傷痕是看不見的，很難被人察覺異樣，也容易被認為是別人的家務事而輕忽。典型的精神虐待包括嚴重的言語暴力、目睹家庭暴力行為、不穩定的依附關係，以及欠缺溝通互動。因為言語暴力在表面上不留痕跡，所以常常被輕忽其嚴重性，但是精神虐待與其他類型的虐待一樣都會在心中留下難以抹滅的傷痛。

缺少關心和愛的我，也不信任別人

「我跟你結婚，不表示我信任你，我本來就不相信任何人。」才新婚不久，我對丈夫說了這句像刺蝟一樣尖銳的話，讓他大受打擊，他不明白為何沒有信任還要結婚。事實上，我不只無法信任他，誰我都不信。

家庭就是社會的縮影，在幸福家庭環境中長大的孩子，看世界都是美好的；在害怕與恐懼中長大的孩子，面對世界和他人也會充滿恐懼。這是因為孩子成長過程中，父母和家人就是他所知世界的全部，所以一個人的家庭背景會影響日後他看待世界和他人的方式。有些人看世界都是粉紅美好的，有些人看世界則是黯淡無光的。透過不同的色彩濾鏡看到的世界絕對不同，令人遺憾的是，並非所有家庭都會帶給孩子粉紅的濾鏡。

根據艾瑞克森（Erik Erikson）的心理社會發展階段理論，人類在第一個階段（滿兩歲之前）對外界和照顧者發展出信任感。無法發展信任感時，嬰兒會對世界不信任，並且無法跟他人建立良好的關係。另一方面，從馬斯洛（Maslow）的需求層次理論也可以發現，當我們滿足了最基本的生理需求之後，接下來要滿足的就是信任和安全感的需求，需求得不到滿足時，就很難達成內在穩定與自我實現。

孩子要產生安全感與信任才能健康成長，但是安全感與信任的需求沒辦法靠自己滿足，因此照顧者扮演了非常重要的角色。就算不是由雙親照顧，只要有人能提供孩子安全感，他一樣可以健全發展。然而，**如果主要照顧者和孩子之間無法建立信任感和良好的依附關係，孩子因而充滿對外界的不信任與焦慮，往後的人際關係就會遇到許多困難。**

孩子與父母形成良好依附關係的關鍵在於「在家庭中感到自我價值被肯定和接納」，也就是說當孩子感到「自己很不錯」、「值得被愛」，他才會對世界產生好奇心，並願意向外探索。相反地，受虐兒童幾乎沒有被肯定和接納的經驗，他們的自我價值總是遭到照顧者的否定、批評、侮辱，讓他們打從心底認為自己是「不被愛的」、「差勁的」。如此自我貶低、自我否定的孩子又會極度害怕與施虐者分開，因為他們相信沒有人會喜歡這麼差勁的自己，畢竟連親生父母都如此無情了，外面的世界一定更恐怖。

小時候祖母常說「女孩子沒用」，她根深蒂固的重男輕女觀念以及父母的束手旁觀，讓我從小自我價值就沒被肯定過。我很痛苦，總是很努力向父母博取一個本來不需要博取的肯定。這樣的我，當然也沒辦法相信別人會願意接納我原本的樣子。我對世界的不信任一直持續到成年、結婚、生子，這種不信任感就像腳鐐一樣牢牢地牽制著我。

艾瑞克森心理社會發展階段理論

比較與差別待遇帶來的負面影響

「妳這丫頭！在家閒閒做什麼？還不快去把哥哥的拖鞋拿去洗？鞋子髒了要主動去洗啊！」祖母成天對我嘮叨個沒完。三個兒子之中她獨愛我父親這個二兒子，想當然她對孫子更是疼得不得了。除了我哥之外，她其實還有很多孫子孫女，但是她最愛的還是我哥，我託他的福受到不平等待遇。祖母很討厭我長得像她的寶貝兒子，我仔細思考過，我會受到無情的指責與差別待遇並不是我的錯，我生為女生、長得像父親，都不是我可以選擇的。而最讓我受傷的是，當祖母嫌棄我、對我差別待遇的時候，從來沒有人站出來阻止她。

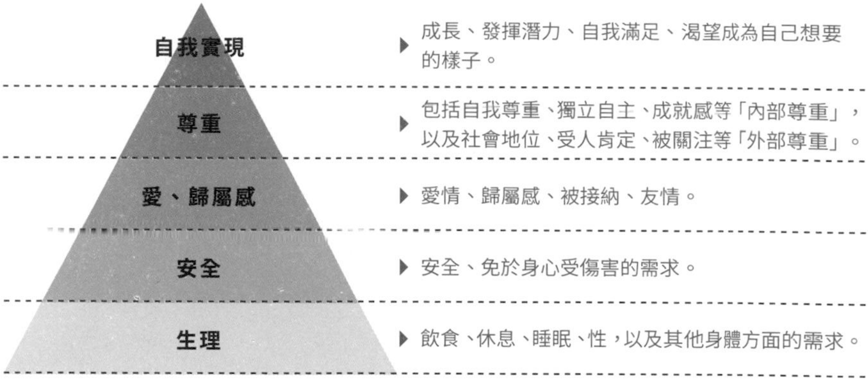
自我實現
成長、發揮潛力、自我滿足、渴望成為自己想要的樣子。
尊重
包括自我尊重、獨立自主、成就感等「內部尊重」，以及社會地位、受人肯定、被關注等「外部尊重」。
愛、歸屬感
愛情、歸屬感、被接納、友情。
安全
安全、免於身心受傷害的需求。
生理
飲食、休息、睡眠、性，以及其他身體方面的需求。

馬斯洛的需求五層次理論

既然家裡有一道我永遠翻不過去的高牆，我的學業表現、長相、才華又很平庸，那麼我唯一可以做的就是當一個「乖女兒」。可是在「乖女兒」的護盾後方，藏在我內心深處的自卑感卻越來越重。我表面上看起來乖巧聽話，但當我面對差別待遇與不合理的對待時，內心則是充滿了對大人和男性的憤恨不平，只是無法表現出來而已。就在我過了青春期，漸漸長大成人，累積在我心中的憤怒與仇恨開始浮出水面，令我慌張不已。

比較和差別待遇會帶來負面影響，被比較的人變得自卑，受愛戴的人則變得驕傲，而且很快就會感到焦慮。**這是因為當一個人不斷感到自己高人一等時，會認為自己比別人特別，容易變得自滿、看輕他人，但是當他發現這個世界上人外有人、天外有天的時候，又會立刻陷入焦慮。**這也是為什麼愛比較的人總是遇弱則強，遇強則弱。

當我開始接觸心理學之後，我第一個做的就是停止與他人比較。比較是人類的本能，連還不會說話的孩子都知道要選切比較大塊的麵包、看起來比較華麗的玩具。但是我們並不會因為拿得比別人多、比別人好，就變得比較幸福。幸福，是獲得自己真正需要、真正想要的東西，所以我決定停止與自己或他人比較。

人一出生，就被決定了性別、長幼順序、外表、才能，這些都不是我們可以選擇的。這些已經被決定好的東西卻被拿來比較，因而遭受差別待遇，這不是一件很令人委屈又氣憤的事嗎？我不希望自身的慘痛經驗傳給下一代，所以我管教自己的三個孩子時，盡可能不拿他們跟任何人比較，並且時時反省自己的言行是否讓孩子感到被比較。藉由這個方式，我也間接地安慰了過去的那個自己。

愛自己的練習

精神虐待的四種類型

● **言語暴力**——對孩子說髒話、嚴厲指責、人格侮辱、與他人比較、語帶歧視。

範例「我真後悔生出像你這樣的東西」、「你看看你自己，哪一點比得上弟弟和妹妹？」

● **家庭暴力目擊者、夫妻吵架調節者**——在孩子面前暴力相向，或是父妻吵架後，沒有任何解釋就不管孩子，把孩子當作吵架的籌碼或傳聲筒。

範例「你去跟爸爸說我要離家出走」、「你跟你爸說，以後你要跟我」、「要不是因為你，我早就離婚了」、「都是因為你，我們才天天吵架」。

● **照顧者的過度控制、高壓管教、嘮叨不斷**——無視孩子的選擇或需求，強迫他接受父母的意思。

範例「你一定要當上醫生，知道嗎？」、「不聽爸爸的話就沒有零用錢」、「你想看我死就去做啊」、「不聽父母的話，就馬上給我離開這個家」。

● **照顧者的漠不關心和冷漠態度**——父母因為忙碌或家庭問題，導致孩子得不到應有的關心。當孩子努力博取父母的肯定與關注卻失敗時，孩子會感到自身的存在價值被否定，變得無助。

範例「我很忙，走開！」、「我很不舒服，不要來鬧」。

過度討好，只是想被肯定

戴著乖孩子的面具長大

過去那個不起眼、資質普通的我，曾經是個乖女兒和好學生。不論在家或學校，我總是能得到「乖巧聽話」的讚美，連我自己都以為這就是我原本的樣子。事實上，我的表現只是為了掩飾自卑心和低自尊而已。

幾年前有部韓劇《雖然是神經病但沒關係》，男主角文鋼太就是典型的乖寶寶症候群（Good boy syndrome，為了當個好孩子而壓抑自己的情緒去迎合他人的傾向）。他年紀輕輕就要照顧自閉症的哥哥，勤奮務實的他總是搶著去做別人不願意做的苦差事，但是他的臉上卻看不出一絲喜悅或悲傷。

乖寶寶症候群跟小時候成長環境密切相關，會有這種症狀的人從小就認為「我不乖就得不到愛」、「我是不被肯定的」，他們通常極度渴望獲得照顧者的愛與肯定。《雖然是神經病但沒關係》的男主角文鋼太一直被母親的一句

「你出生就是為了照顧生病的哥哥」給困住，因為他的存在價值已經被母親決定好了。

父母給的壓力或期待會讓孩子漸漸失去自我，孩子試圖變成父母想要他成為的樣子，而不是自己想要的樣子。只要符合父母或大人的期待，孩子就會被稱讚「好乖」並感到滿足，這種模式在小時候沒什麼大問題，但是隨著年齡增長，自我逐漸發展起來後，這麼做反而會錯過探索自己真正想要或擅長事物的機會。另外，長期被壓抑的情緒和需求也會影響心理健康，可能導致無力感、身心俱疲症候群（Burnout syndrome）、憂鬱症。

乖寶寶症候群的另一個問題是，無法建立個人界線，也就是所謂的「心理界線」。精神健康的人相信，自己擁有人生的主控權，因此懂得劃清心理界線是非常重要的。乖寶寶症候群的人則任由別人去使用自己最私人的空間、耗費自我的精神，就好像把自家的臥房整間讓給外人住一樣，結果自己反而無法休息。這些人很容易感到疲憊、憂鬱，甚至被有心人士利用他們的善良而受傷。這些事反覆發生時，他們會漸漸缺乏自尊感，落入惡性循環。

孩子應該要健康快樂地長大，而不是一味地聽話。真正的健康，應該是孩子就要有孩子的樣子，讓他們學習團體生活中身為一個小孩該有的能力，配合孩子的發展階段去學習。孩子本來就缺乏耐心、衝動、情緒化，所以難免會不耐煩、講不聽、鬧脾氣，讓父母很傷腦筋。此時，父母應該持續用愛來包容、信任，並教導他。比起做個乖孩子，更該重視心靈健康，如此一來，孩子長大後才能成為一名成熟又幸福的大人。

我自以爲的獨立

有一天，我準備去朋友家寫作業。穿過我家前面的市場，她家就在對面那棟大廈。她有很多玩具和娃娃，一想到我們可以一起寫作業、玩玩具，我就開心得不得了。正當我雀躍地要走出市場，一名中年男子瞬間摟住我的肩膀，還用一把小刀抵著我的腰，要我安靜地跟他走。我很慌張，猶豫著該不該向市場裡認識的阿姨求救，或是掙脫他逃到市場裡，但最後我什麼都做不了，只能乖乖地跟他走。他拉著我往回頭路走，然後把我帶到我家附近一個樹林茂密的空地。他要我不准動，緊接著，他倉促地鬆開褲頭的皮帶。說時遲，那時快，我趁他一鬆手立刻飛也似地奔向距離十公尺不遠處的家。

我衝向母親，精神未定地哭訴著：「媽媽，有個奇怪的阿伯，他……」

我不知道該怎麼描述剛才的狀況，說話語無倫次，而當時的我才國小二年級。

「我不是叫妳不要在外面亂跑嗎？」母親正為家中的工作忙得不可開交，只是兇狠地罵了我一句。我頓時不知該說些什麼，便獨自回到房間哭，怪自己亂跑才會遇到壞人。這件事一直是我心中的祕密，但長大後我才發現其實很多女性也遭受過類似的經驗。

照母親的說法，因為我到處亂跑才會遇到壞人，所以一切都是我自找的，錯在於我。在這個明明沒犯錯，卻硬被說成罪人的世界裡，還有什麼是我可以信任跟依靠的呢？在這個家，父親只知道工作，母親一天到晚忙碌，沒有人管我，所以我不能出任何差錯，什麼事都得自己來。我變成了不需要父母操心的乖女兒，但實際上是因為我心裡不相信任何人。

我的獨立只是一種假象，我不喜歡麻煩別人，別人插手干涉我的事也會讓我很有壓力。我變得很難跟人交心，但我從來不覺得這樣的自己有什麼問題，因為我總是好好的不給人添麻煩。但是後來我才知道，我不是獨立，而是「孤立」。

真正獨立的人，能夠與他人健康交流，並且在能力所及的範圍內幫助他人，必要時也懂得向外求助，人際關係是健全穩固的。這就像一間房子，有大小恰到好處的門窗，平時可以看看窗外發生的事，偶爾跟鄰居聊天、互相拜訪。到了晚上或颳風下雨的日子，則關上門窗，安全地待在家裡。真正健康的獨立，應該是尊重自己的私人空間，同時也關心周遭、與外界保持互動。然而孤立的人就像獨自住在一間沒有門窗的房子裡，充滿了警戒心，彷彿屋外只有虎視眈眈的敵人，光是保護自己的安全就已經分身乏術。

學習諮商後，我發現自己並不獨立，而是有迴避型人格障礙（Avoidant Personality Disorder）。迴避型人格障礙者為了不讓自己受傷害而選擇孤立，他們不喜歡被拒絕、被批評，也不喜歡處理問題或捲入紛爭，所以他們會選擇逃避，或是不主動扛責任。迴避型人格本質上充滿了恐懼和焦慮，但是仍然會盡心盡力做好被交付的任務，所以通常不被當作嚴重的問題。

過去，每當遇到與我不太合拍的人，我總是在內心築起一道牆，絕不對他們敞開心扉。相反地，即使是我再怎麼喜歡的人，對方要離開我也從不挽留。我會事先排除所有人際關係中可能出現的不適、失敗、拒絕的情況。像我這樣具有迴避傾向的人，或許能夠安然過著一個人的生活，但內在肯定還不夠成熟。**因為只有從錯誤和失敗中不斷學習和調整，人才會逐漸變得成熟，而且這個過程只有透過與外界互動才能夠經歷。**

具有迴避傾向的人，由於過於害怕挑戰、失敗和被拒絕，因此選擇將自己孤立起來。從表面上看，我是一個獨立且負責任的人，但實際上我在內心建立了一道城牆，以保護自己免受任何傷害。

面對問題，解決的第一步就是承認問題並且面對。我的獨立與對他人的過度討好，背後隱藏著被人肯定的渴望，以及對外界的不信任。這種心理矛盾阻礙我成長，讓我無法變得成熟。我必須鼓起勇氣摘下乖孩子的面具，走出自己的城堡。解鈴還須繫鈴人，關係帶來的創傷就由關係來修復。只有真正去做，我才會明白展現真實的自我其實沒那麼嚴重，犯錯或失敗也沒那麼丟臉。當我真正勇敢嘗試與碰撞之後，我發現這個世界上支持我、鼓勵我的人，遠多於批評我的人。只有親自去體驗過，才能醫治心靈的創傷。

愛自己的練習

乖寶寶症候群檢查表

項目	YES	NO
小時候常被稱讚是乖孩子。		
只有乖巧聽話，我才覺得自己是有用的人。		
除了個性好之外，我覺得自己沒什麼過人之處或魅力。		
我很難拒絕別人，也害怕被人拒絕。		
我總是在配合別人，不知道自己真正喜歡或討厭什麼。		
我不知道該怎麼生氣或表達不耐煩。		
我很難接受別人的批評或指責。		
和別人發生爭執時，我通常選擇忍耐。		
我怕我不當好人，別人就會不喜歡我。		
我的家人和工作，比我的人生還重要。		
要配合別人、符合別人的期待實在太累了，有時我寧可自己一個人。		

右頁表格中，若勾選超過三至四項，建議你要好好關照自己的內心感受，要明白「太善良」可能是一種防衛機制，是為了保護脆弱的內心不受傷害。但過度犧牲自己去討好他人可能引發心理疾病，**因此我們應該盡可能地做自己，而不是一味地做個乖孩子或濫好人。**

終於，我也開始反撲

夢想和期待雙雙破滅

我的父母相信貧窮是一切問題的罪惡根源，所以他們特別認真工作賺錢。錢對他們來說就跟命一樣，因此他們不能容忍家裡有人遊手好閒。他們最大的願望就是孩子長大後找到一份穩定的工作，可是哥哥老愛看電影和小說，我又資質平庸，令父親傷透腦筋。小時候，我很喜歡畫畫跟做勞作，每次堂弟堂妹來家裡玩，我都會幫紙娃娃畫衣服和飾品；每當聖誕節來臨，我就會熬夜做卡片送給班上同學。即便從小我就很想去補習班學繪畫，但我一直沒告訴父母這件事，因為我知道他們絕對不會允許。

看臉色長大的我對父母的表情和一舉一動觀察入微，我不喜歡被罵，更討厭家裡發生不愉快，所以我絕不做讓父母不高興的事。

即使我上了國中，對畫畫的熱情依然不減，我會模仿雜誌和漫畫裡的照片和插圖，越畫越著迷。畫畫的時光實在太美好，讓我更想去補習班正式學繪畫。我獨自煩惱了好幾個月，左思右想，終於鼓起這一生最大的勇氣，把這件事告訴了母親。身為一名韓幣一千圜（約新台幣二十四元）也要花在刀口上的勤儉持家女性，母親也無法作主，於是我們去請示父親。

我像個罪大惡極的犯人一樣，跪在父親面前，低聲下氣地問他能不能讓我去補習班學畫。我沒有要他們買當下最流行的牛仔褲、名牌球鞋，也沒有去漫畫店或電動玩具店把零用錢花光，我只是想去上個補習班而已。

「就憑妳這個資質，能畫得多好？」父親用失望的眼神看著我，還一直叨唸學藝術的人都是豬腦袋，不會想。我其實已經預料到他不會輕易答應我，但我以為他至少會對我的畫感興趣，要我把目前為止的作品拿給他瞧瞧。我以為他們看了我的畫之後，說不定會被說服，但一切都只是我的異想天開。

自從那件事之後，我就把內心完全封閉起來。我心想，原來父親一點都不在乎我的感受，那麼以後我也不會再請他幫忙了。從此之後，我跟父親不再有任何深度的對話，這是我的報復方式，誰叫他把錢看得比自己孩子的夢想還重要。

漠不關心才最令人受傷

父親最令我生氣和難過的，並不是他不讓我去補習，而是他的漠不關心。要是當時他表現出一丁點對我的關心，先耐心聽我說完再給我一些建議，即使最後還是去不成補習班，我也不會傷得這麼深。他要是關心我，就會發現我有美術天分，但他完全不知情，也懶得知道。他的漠不關心像一把利刃插在我心頭。

孩子真正想要從父母身上得到的，是無條件的關愛和共處的時光。為了引起父母的注意，孩子會故意惹事或鬧脾氣，然而很多父母不知道孩子的目的，反而用高壓管教來糾正孩子的行為，或是用物質獎勵來安撫孩子，這些做法只會讓孩子的心靈更受傷。

當我自己有了孩子之後，我發現孩子的氣質和喜好其實從小就展現出來了，有些孩子喜歡親近人，有些很怕生；有些喜歡自己靜靜地看書、畫畫，有些喜歡小動物跟汽車。父母只要稍微觀察，很容易就能看出孩子的興趣，就算孩子長大之後興趣會有點不一樣，但大抵是不變的。

我的父母完全不知道我在想什麼、煩惱什麼、喜歡什麼、討厭什麼。他們的漠不關心最令我難過，讓我覺得我沒有存在的價值。我原本以為只要乖乖聽話，總有一天他們會關心我，但自從補習事件之後，這個期待就破滅了，我也就沒有理由，也不想再繼續當乖女兒了。我拒絕跟家人溝通，鎖上了心門。

孩子在青春期時，會逐漸發現大人和想像中不同

很多父母害怕遇到孩子的青春期，因為孩子開始學會叛逆。然而，從人類發展階段來看，青春期的叛逆是再自然不過的事。孩子到了青春期，開始有了自己的想法，漸漸能察覺出父母和家裡不和諧或不合理的地方。小時候父母就是天，說的話就是真理和王法，但是隨著孩子逐漸長大、從學校和書中獲取知識之後，他們發現原來父母的世界並不是全部，並且開始對過去的經驗感到失望，想要過自己嚮往的生活。此時，父母期待的跟孩子想要的世界通常不一樣，所以衝突也就不可避免地發生了。但這也意味著並不是所有孩子都會出現嚴重的叛逆，**如果家人之間有良好的溝通，讓孩子了解父母也有缺點和脆弱的一面，並且支持孩子獨立自主，那麼孩子也不會莫名其妙走偏。**

心理治療師遇到問題兒童時，常形容這是孩子展開報復的時刻（payback time），也就是說，父母種下的因總算要嘗到果了。很多人開玩笑地說，叛逆的國中生比北韓更可怕，我認為這就是父母為了滿足私欲，逼孩子無止境地讀書、競爭、比較，對孩子缺乏關愛、差別待遇、高壓管教而引發的後果。孩子到了這個年紀，慢慢察覺出父母的這些行為都不是真正的愛，所以展開反抗。

另外，一個缺乏情感交流和溝通的家庭，其問題往往也在孩子青春期時爆發。因為孩子上國中之後，不僅身體產生變化，也會培養出洞察力，看事情的角度變得更多元，並且會用自己的價值觀和想法來判斷事情的對錯。

我也是上了國中之後，才發現家裡特別重男輕女，而且不是每個家庭都有婆媳問題，更不是每對夫妻都像我父母一樣天天吵架。其中讓我感到最大的衝擊是，原來不是所有父母都對自己的孩子如此嚴厲又漠不關心。

孩子也會憤怒與報復

「叫妳不要再哭了！」我在醫院看到別人打針，突然害怕地哭了起來。

從小我嗓門就特別大，母親看我大哭吵著要回家，情急之下就揍了我一頓。愛哭的我常常遭受母親毒打，因為我很膽小，又不知道該怎麼表達情緒，只知道哭，而母親也不知道該怎麼安撫我，只知道打。每一次被打，父親總是袖手旁觀。比起動手的母親，我更怨恨事不關己的父親。因為母親雖然打我，但子女在她心中仍是最重要的，就算我年紀小，這點我倒是很清楚。但是父親就不同了，對他而言最重要的是祖母、自己的兄弟姊妹，還有錢。自從我明白這一點之後，他就不再是我生命中重要的人了。

當時的我只要看到哥哥就討厭，因為他總是享盡好處；我怨恨父親，因為他明明是一家之主，卻老是站在別人那一邊，不為我們著想。我厭惡中二病的哥哥開的幼稚玩笑，也鄙視父親的行為舉止，彷彿對世界上所有男性懷恨在心。我不敢告訴任何人心中那股強烈的憤怒，它就像一顆大炸彈，有誰動它就會隨時爆炸。我甚至想要毀了自己來報復父母，恨不得他們為我受盡折磨。但我最後並沒有真的去做。

許多走偏的年輕人選擇自我毀滅，為的就是報復父母，他們想用變壞來讓父母心痛或感到丟臉。我很能理解這種心理，那是一種對父母最淒切的吶喊，渴望自己童年的創傷能被看見。

被譽為「少年犯教父」的千宗湖律師指出，**青少年出現偏差行為的主因通常並非貧窮，也不是家庭不完整，而是與照顧者的依附關係不夠健全**。他強調，若孩子與父母之間建立了良好的依附關係，即使處於窮困或父母離異的環境中，也不會受到太大的負面影響。相反地，即使孩子和雙親同住、經濟狀況良好，但如果感受不到被愛，內心必然會感到迷茫和無助。

在我年幼的時候，父親常以威脅和恫嚇的方式來管教我。當我漸漸長大，身高變高了，嗓門變大了，他反而退縮了，遇到事情就逃避，彷彿時間就能解決所有的問題。我跟他的心越離越遠，家人都以為我只是一時的青春期叛逆，過了青春期情況就會好轉，然而時間並沒有讓我跟父親的隔閡變小。父親從來沒有以丈夫或父親的姿態維護妻兒，即使家裡惹事生非的主要人物——祖母過世了，我跟父親之間那道又深又長的心理鴻溝依然難以跨越。

然而，說不定是因為我還懂得叛逆，心靈才變得比較健康。我在學校擔任心理諮商師時發現，很多孩子甚至連反抗都不敢。那些屈服於父母高壓管教或私欲控制的孩子，可能陷入憂鬱症，或是罹患嚴重的精神疾病，又或者成年之後用其他的方式報復父母。

在人生的旅途中，最重要的就是青春期，因為它能讓我們明白父母與孩子是各自不同的個體。學會與父母分離，並且擁有力量展開各自的人生，是一件極其重要的事。

愛自己的練習

透過問題，了解青春期

每個人都會經歷青春期，渴望成長和獨立是人類的本能，也是健全發展必經的過程。然而，由於個性和環境的差異，青春期的出現時間也會因人而異。小時候就經歷青春期的人，有較高的可能性能夠主導未來的人生；相反地，**未能完整經歷青春期變化和成長的人，在成年後可能會遭遇嚴重的自我認同問題**。各位是否已經順利度過了青春期呢？如果你尚未經歷，請先問問自己以下幾個問題，為順利度過青春期做好充足的準備。

- 童年時期是否有過未能實現的夢想，或未能滿足的欲望？
- 若有，是什麼欲望未能被滿足？為什麼？
- 小時候的你是怎麼樣的人？喜歡什麼？討厭什麼？
- 現在的你喜歡什麼？討厭什麼？

- 有哪些事情，是你後悔小時候沒做的？
- 現階段的你，有什麼夢想和願望？
- 你希望自己的後半段人生怎麼過？
- 你希望自己死後在人們心中留下什麼樣的印象？

Part **2**

在美國的新生活

只要有一個人全然支持你，就能屹立不搖

崎嶇路上有伴同行，痛苦也會減輕

哥哥把一卷錄音帶放在我的桌上說：「這個給妳讀書的時候聽。廣播剛好放了妳喜歡的歌，我就把它錄下來了。」

錄音帶背面有哥哥手寫的曲目名稱，字小得像螞蟻一樣，都是我喜歡的歌曲和電影配樂。

小時候我的心就像一片隨時都會碎掉的薄冰，我害怕它破掉，但有時候又希望它乾脆破碎，沉到水裡不再被不安和恐懼侵擾。當時一把拉住我的人，就是我的哥哥和表妹。

哥哥大我兩歲，我對他既愛又恨，很難去形容那種複雜的感覺。哥哥不僅是滿腹怨念的祖母和可憐母親唯一的快樂來源，他還得背負父親永無止境的期待，雖然大家常以他為榮，但也常為了他而吵吵鬧鬧。小時候我很嫉妒哥哥

搶走了全家人的注意力和愛，但那份愛對他來說想必也很沉重。

現在回想起來，還好有哥哥在，我在家裡才能鬆一口氣。雖然我們有時候也會吵得天翻地覆，但聰明又有寫作天分的哥哥和我情同「姊妹」，他很了解女生的心思，我們很談得來，不吵架的時候他是很有趣的玩伴。

我的阿姨跟母親一樣婚姻不美滿，表妹們也跟我一樣童年不快樂。當年阿姨無處可去，常常帶著表妹們來我們家作客，我幾乎天天都跟她們一起去澡堂泡澡、一起寫作業、一起看最新發行的錄影帶，好不歡樂。我們四個女生常常黏在一起，卻從來不曾吵架。有人說大人不和，孩子反而更團結，就是在說我們的狀況吧！就算遇到什麼不如意，例如阿姨來我們家哭訴、母親病倒，只要我們四個人在一起就不覺得害怕，那是一段唯一能夠忘卻現實、喘一口氣的時間。因為有他們的陪伴，我才能熬過那段辛苦的日子。

擁有支持者

心理治療師在診斷患者狀態時，有幾項重點必須掌握，首先最重要的是患者本身的症狀嚴重程度，再來是患者是否擁有其他的支持團體（support group），也就是主要照顧者以外的社會團體，例如祖父母、親戚、親近的朋友、興趣團體等。即使症狀嚴重，若患者的周遭有許多值得信賴、可傾訴的對象，並且持續從事自己喜愛的活動，預後情況就是樂觀的。然而，若患者所在環境沒有可信賴的對象、缺乏外界溝通，就算症狀輕微，預後反而是令人堪憂的，因為孤立、與外界斷聯，都是心靈修復之路上最大的阻礙。

從韓劇《那年，我們的夏天》就可以看出支持團體的重要性。劇中三個主角都來自不平凡的家庭，女主角國延秀是孤兒，男主角崔雄從小遭父母遺棄，後來被好心人領養，男配角金志雄的母親則是未婚媽媽。客觀上來看，這三個人都有著不幸的遭遇，但是他們依然能順利成長，這是因為身邊都有對他們好的人。國延秀有祖母和崔雄的愛，崔雄有呵護他的養父母、情同手足的好朋友金志雄，而金志雄也有好兄弟崔雄的陪伴，以及將他視如己出、百般照料的崔雄父母。所有人緊密連結，互相支持。

人生旅程，目的是尋找自己的另一個伴

對憂鬱、焦慮、成癮等精神疾病有獨特見解的英國記者約翰・海利（Johann Hari）在其著作《照亮憂鬱黑洞的一束光》就提到，精神疾病的根本原因不是來自遺傳或大腦，而是與他人和世界的脫節。他指出現代社會的弊端是，表面上這個世界透過網際網路把每個人連結在一起，但實際上卻缺乏心靈交流與溝通。無意義的資訊傳遞與炫耀式的溝通反而令人更寂寞空虛，為了填補心裡的寂寞，人們開始尋找替代品來滿足自己，例如酒精、毒品、遊戲、社群網站、性、成就、購物，或是精神上變得無所適從，陷入憂鬱和焦慮。

約翰認為社群網站並非真正的溝通，雖然我們會在上面分享資訊、散播有趣的內容、炫耀自己的生活，但是卻把遇到的痛苦和悲傷隱藏起來。除此之外，我們厭惡私領域被他人侵犯或干涉，也不願去了解、分攤別人承受的痛苦和壓力。生活在嚴重精神脫節的社會中，也難怪現代人罹患精神疾病的比例急遽攀升。

《心理彈力》一書中提到復原力，該理論源自於心理學家艾美・維納

(Emmy Werner)對夏威夷考艾島上問題家庭孩童的一場研究。她原本預期大部分的孩童將會延續上一代的不幸，結果卻出乎預料：有三〇%的孩童依然能夠健康發展，擁有積極面對各種逆境或失敗的復原力。她發現，這些人除了父母之外，身邊都有持續愛他們的「一個伴」。也就是說，即使童年悲慘，只要身邊有一個人願意相信他、支持他，真心地愛著他，他就不會被打倒。

人生說穿了，或許就是尋找那「一個伴」的旅程。**發展出復原力的基本條件之一，就是你的周遭是否有一個能讓你全然信任、安心傾訴的對象。**現代社會整體感受到的憂鬱和焦慮感，大概就是因為找不到屬於自己的「一個伴」吧？如果父母對子女、夫妻對彼此能夠成為那重要的一個伴，就會是最理想的狀況，但現實卻不盡然。現實的狀況是隨時都有無數的家庭走向破滅，家人之間不斷比較、責難，這樣的關係遠不如外人。

即使手機裡有上百個聯絡人、社群網站和YouTube頻道上有數十萬、數百萬的粉絲和訂閱數，都比不上真心支持你的「一個伴」。這個伴絕對值得你付出時間和心力去找尋。

愛自己的練習

找到自己的安全地帶

所謂的安全地帶不僅指的是安全的物理空間，也包含身心疲憊時能夠好好休息、靜下心來的「心理空間」。它可以是自己的房間、床或海邊，也可以是與父母或朋友聊天、陪伴寵物、散步、閱讀、運動。安全地帶超越了物理空間的概念，所有可信賴並能夠從中獲得安慰的空間、活動、人，都可以算是安全地帶。

各位的安全地帶是什麼呢？如果你能馬上回答這個問題，表示你已經有一個情感上可依靠、可恢復力量的安全地帶。如果你答不出來，或者想到的是菸酒、遊戲、甜食之類的東西，那就要注意了。

酒精、遊戲、甜食都不是健康的安全地帶，越常接觸這類東西，你只會感到更加自責和羞愧，還很有可能引發成癮、肥胖、疾病等問題，影響你的日常生活、徒增你的壓力，變成惡性循環。

如果你找不到自己的安全地帶，不妨想想你在什麼時候最快樂、最幸福？人必須充分了解自己，才會獲得幸福。**你的安全地帶越多，面對壓力和調節情緒的能力就越強。**這就好像家裡會準備不同症狀的常備藥品以備不時之需，面對壓力也需要多種不同的處方。

希望你能找到屬於自己的安全地帶，這也是發展復原力的基礎。人生在世不免遇到意外事故、出乎意料的失誤或失敗，這時候只要回到安全地帶好好休息充電，又可以重新站起來，繼續向前。

被愛過，才知道怎麼愛人

心裡的聲音會成爲現實

還記得小時候，期中考前一週我一如往常地坐在桌書前，攤開習題和筆記本。雖然我認真地在筆記本上邊寫邊背著英文單字，卻無法減輕內心的焦慮。我的腦海裡不斷浮現這些話：「背了也沒用，我就是笨，我必須比其他人更努力才行。」

學生時期的我一直都是這樣唸書的。我的學習速度比哥哥慢，再加上每當父母吵架或母親與祖母發生爭執時，我就滿腦子擔心母親會不會離家出走，以致沒辦法專心上課，成績當然也好不到哪裡去。

結果，「我就是腦袋不好」、「我就是笨」這些內心喊話最後都會應驗。就算我比哥哥花更多時間讀書、整本筆記本寫滿了英文單字、把單字背得滾瓜爛熟，我的成績還是爛。因此，父母順理成章地以為我的智商比哥哥低、比他不會讀書，連我自己也對這件事深信不疑。

經過一番坎坷的學習過程之後，我好不容易考上了地區大學的兒童學系。當初選系的時候，我的想法很單純，既然讀不了第一志願的美術系，而我從小又喜歡小孩，那就去當個幼稚園老師吧！沒想到這是我人生目前為止做過最棒的決定之一，因為這個選擇讓我大幅成長。兒童學系（目前改名為幼兒教育學系）讓我對人更了解，也開啟了我過去未曾接觸的世界。

對別人而言，系上的課程或許只是為了畢業和求職，但對我來說，它卻能幫助我釐清童年時期複雜的情感，以及探究當年我無法理解的父母行為，其背後真正的原因。學校教會我大腦是如何運作、記憶是如何形成、該如何讀書才能長久記憶，學了這些知識之後，我把它運用到實際生活中，讀起書來越來越輕鬆，上課也變得越來越有趣。當學習變得有趣，成績自然也有起色。我甚至還被同學稱讚，說我成績好、筆記也寫得好。原來，我不是不會讀書的笨蛋。

當時的我很不甘心，憑什麼父母片面斷定自己的女兒不會讀書？為什麼我也認定自己是笨蛋而浪費了大好的時光？但後來我終於想通，原來他們也是逼不得已，他們只是用自己過去接受的教育方式來對待我。過去的我以為，要是自己再優秀一點、更有才華一點，就能得到父母的愛和肯定；我之所以不被重視都是我的問題，是因為我無能、長得不夠漂亮、書也讀得不好、沒什麼特殊才華，才達不到父母的期待。

但是我現在終於明白了，他們從來不說愛我也不曾稱讚我，只是因為他們從來沒有被這樣對待過，也從未對任何人這樣做過。原來，父母不幸福的婚姻以及我感受不到愛，不是因為我不夠好，是因為他們也沒有被無條件愛過。當我明白這件事之後，我就釋懷且獲得自由了。

你的價值不該由他人決定

人很難改變，特別是積習已久的行為或觀念更是難改，因為想改變行為得先改變自己的習慣或信念才行。話雖如此，但還是有人成功做出改變，而這些人的共同點就是他們有不得不做出改變的覺悟，而覺悟通常來自於豐富的經驗或教育。要讓一個人知道黑白的世界原來很繽紛，並且改變他內心負面的聲音，「經驗」和「教育」可說是最好的方法。

許多人害怕改變和挑戰，最主要的原因就是不相信自己。我在第一章也提到，當一個人和照顧者之間的依附關係是不穩定或有被虐經驗時，他的自我價值就會不斷地遭到否定與懷疑。**外界的否定聲音變成了自己對自己的懷疑，當一個人不相信自己時，就什麼也改變不了。**

世界知名的美國神經科學家柯亞力博士（Alex Korb）在他的著作《一次一點，反轉憂鬱》（*The Upward Spiral*）中提到，人類大腦對負面訊息的反應更為強烈。很不幸地，我們的大腦的確比較容易被負面訊息吸引，假如你接收到一則負面訊息，之後會需要用五到六則的正面訊息才能把它抵銷。雖然知道這個道理，但人們卻經常做出相反的行為，我們憑藉彼此關係親近，就恣意使用負面語言，而不是正面語言。

一句話可能影響一輩子，想要和所愛的人維持健康良好的關係，就必須注意自己說的話。尤其面對我們愛的人，不經思考的辱罵、貶低、責備都會像化石般，永遠留在對方心裡。請記住，話能救人，也能殺人。

當負面言語在腦中盤旋不去時，我建議大家不妨轉換想法，告訴自己那些話可能不是真的，例如「父母說我是笨蛋」。有時候你需要花點時間，鼓起勇氣去面對、檢視內心的聲音，你的價值不該由他人決定，而是由你自己決定。你可以透過豐富的經驗、學習、書籍、旅行來傾聽自己的聲音，這些都是很好的方法。

心理學讓我打破了一直以來對自己的負面認知，從狹窄的框架中跳了出來。學習的過程中，我發現自己說不定比想像的還要棒，而且越來越好奇我究竟還有多少潛能等待釋放，於是我用成績向父母證明我的潛力，並宣布自己即將去美國深造。我終於跳出了井底，來到新的世界。

愛自己的練習

如何轉念，讓內心不再負面？

人生不如意事十之八九，生活難免會遇到突如其來的不順心，或是不得不面對的難關。這個時候，你的內心出現什麼樣的聲音呢？

「我早就知道會這樣了，我真沒用。」

「對啊，我每次都失敗。」

「我就是笨，做什麼都錯。」

「做了也不會成功，不要抱太大的期待。」

「我怎麼可能做得好？」

「如果這次又搞砸就慘了，真的要做嗎？」

「為什麼我每次都把事情搞成這樣？」

你內心的聲音總是充滿負面、自我貶低嗎？還是都是支持自己、鼓勵自己的話語呢？

「沒關係，有這樣的成果就已經很不錯了。」
「這次已經比上次進步很多了。」
「誰不會犯錯呢？」
「失敗也沒關係，我已經盡力了。」
「錯了也沒關係，不要緊張，保持平常心。」
「沒什麼大不了的，誰不會犯錯？」
「吸取失敗經驗，下次要更努力。」

內心的聲音大部分是從「小時候聽到的話」而來，例如，家裡、學校或朋友之間的對話。也就是說，這些聲音不是你自己想出來的，比較像是過去他人常對你講的話的回音。

因此經常與性格負面的父母或長輩相處的人，其內心聲音有可能也會偏

負面。負面的內在聲音對人生的影響力非常巨大，它擁有某種暗示和催眠的效果，通常會使想像的負面結果成真。如果你內心的聲音傾向負面，請持續練習並給自己鼓勵和支持。就像我前文提到的，一句負面的話要用五到六句正面的話來抵銷。

然而，要把過去數十年聽到的負面回應轉變成正面並不容易，需要長時間的努力。多看好書、多跟好的人相處，並經常鼓勵自己、安慰自己，相信你內心的聲音一定可以變得更正面。

我的美國夢

自己的幸福最重要

我按捺著緊張的心情，來到了美國的語言學校。我原本以為校園裡會充斥著高中剛畢業的年輕學生，我這個老學生一定很突兀，殊不知是天大的誤會。我踏入校園時大吃一驚，不論在教室還是學生餐廳，到處都是膚色不同、穿著各異的人；有坐著輪椅的身障人士，也有頭髮花白的中年人，甚至還有白髮蒼蒼的老年人，實在認不出誰是學生、誰是老師。在美國，年齡、種族、外貌、穿著打扮似乎都不是大家關注的問題，我好喜歡這種自由又充滿活力的風氣，好希望未來有機會在這裡生活。

對金錢第一的父親來說，女兒去美國留學這件事非同小可。不過，經過我不斷說服並保證兩年後歸國，他居然答應了。或許他想要挽回從青春期就漸行漸遠的父女關係，也或許他聽我說研究所畢業要當教授，覺得有投資價值吧？

然而，我一到美國就發現，憑我的英文實力根本就考不上研究所。去美國之前，我連Be動詞和一般動詞都分不清，為了語言學校臨時抱佛腳的英文程度，絕對應付不了研究所的課程；就算英文讀寫勉強行得通，用非母語來聽課或發言，對我這麼怕生的人來說簡直難如登天。

尤其是我還有「社交恐懼症」（Social Anxiety Disorder），只是以前一直待在韓國而沒有發現。社交恐懼症是一種心理疾病，在特定社交情境與他人互動或從事特定活動時會感到困難。對我來說，要我在異國和陌生人打交道、在課堂上用英文討論或上台報告，根本就是地獄呀！

即使如此，我還是想留在美國生活。因為在這裡不需在意他人眼光，可以自由地穿搭，也不用去追逐所謂的流行，講話不必考慮年齡輩分，大家平等以待、互相尊重。身障者自由穿梭在校園，上了年紀的老學生和其他同學和樂融融地學習，而且最棒的是，老師和同學也對他們一視同仁。如果能在這個國家生活，我應該可以盡情做自己，不用在乎別人的眼光。於是我的目標就從「留學」變成了「生活」，而且我還找到在海外生活最好的方法，那就是結婚。

現在回想起來，我膽子真大，不假思索就貿然決定在一個人生地不熟的地方和當時的男友結婚。這是我這輩子最自私又大膽的選擇，我不但罔顧父親對我的支援、違反了與父母的約定，還把感情不睦的父母丟在一旁不管。尤其我背叛了母親，因為在她不幸的婚姻中，唯一的生活樂趣就是與兒女吃飯閒聊，如今我卻把它剝奪了。往後家裡有什麼事，都得由哥哥一肩扛下，想到這裡我心裡也很過意不去。但當時的我不想管那麼多了，我要放下任何的利害關係和家庭考量，我只想關注自己，只為自己的幸福著想。於是，我就在美國扎根了。

徹底的獨立

結婚讓我終於能夠徹底從父母身邊獨立出來。其實把結婚當作獨立的手段是非常危險的，但為了獨立和移民美國，我當時能想到最合理的方式就是結婚，去美國確實大幅拉開了我跟家人的物理距離和心理距離。那時候，我跟丈夫兩個年輕人即使身無分文，也決定我們兩人婚後在情感和經濟上都必須徹底獨立，不依賴家裡。

婚後有好一陣子家裡總是操心地問：「你們這個樣子什麼時候能安定下來？」有時候我感到罪惡，覺得自己是個拋下父母的不孝女，但是我過得很幸福，因為我不再是任何人的「包袱」了。

幾年後，母親反而說她很感謝我，因為我從來不要求她幫忙顧孫女、準備小菜，或是跟家裡借錢，所以她可以安心地重拾舊夢，去學校讀書展開第二人生。當時與她同輩的朋友大部分都被孩子綁住，不是忙著照顧孫子，就是幫忙打理兒女的生活。我與母親在各自的道路上做到真正的獨立，也因為徹底的獨立，讓我們再次連結在一起。

眞正的獨立，是爲自己的選擇負責

獨立是需要勇氣的，別人可能會說你自私、罵你冷血，然而只有經歷過真正的獨立，才能掌控自己的人生。如果人生掌控權不在自己手中，就無法培養出對事情的判斷力和健康的自尊，因為它們都是必須靠你自己做選擇、付出努力、達成目標，才能培養出來。

「獨立自主」是成為真正的大人最基本的條件，就算對方是自己的父母、子女，或兄弟姊妹，都不能忘記每個人都是獨立的個體，我們應該尊重各自的領域，讓每個個體都能過上健康的生活。然而，身邊不難看到許多人以愛的名義來綁住對方，在關係中飽受痛苦、動彈不得。

所謂「健康的溝通」不是去說服對方接納自己的意思，而是就算對方跟我的想法或意見不同，我還是能尊重他，並且不侵犯他的領域。在做到健康的溝通之前，先要做到健康的獨立，所以有時候我們必須和對方保持物理上和心理上的距離，更進一步要做到經濟的自給自足，這樣才是真正的獨立。只有做到健康的獨立，才可以擺脫親密關係之間的過度偏執或干涉，進而建立健康的溝通方式。

獨立必定伴隨著自由和責任，只想享受獨立的自由而不願負責，將會變得自私自利。自從我成年之後，我就努力為自己做的所有選擇負責。決定去美國及找新工作時，我並沒有徵求父母的同意，但我對我的選擇負起全責，後來也證明了這個決定是對的。與此同時，也提升了我的自尊。

愛自己的練習

我是個獨立自主的人嗎？

❶每當面對人生重要抉擇（如：升學、就業、離職、結婚等），父母的意見總是比我自己的更重要。
❷我很難違背父母的意思。
❸我都把薪水交給父母管理。
❹遇到需要自己做決定的狀況時，我會感到困難和恐懼。
❺如果沒有父母的照顧，我會覺得自己很難獨立生活。
❻父母比配偶或子女更重要。
❼我必須遵照父母的意思，否則經濟上或心理上會遭受懲罰。
❽比起上班辛苦賺錢，跟父母拿零用錢更輕鬆。
❾我到現在仍必須聽命於父母。
❿父母希望了解我的一切（包括：交友關係、每日行程、職場問題等）。

⓫我很難向父母坦承自己真正的想法和意見。

上述的說明中，如果你符合三項以上，表示你很有可能還沒有完全脫離父母而獨立。當經濟與情感都能獨立自主時，才能算是真正的獨立；這裡說的情感獨立，是指有意識到「生活的主導權」應該掌控在自己手上，而不是父母手上。

許多人就算成年了，還是把自己的職涯、結婚對象，甚至育兒問題的決定權丟給父母。我們平常要對自己有足夠信心，並培養責任感和抗壓韌性，這樣才有能力在與父母意見相左時，做出自己的選擇並且為之負責。

只有自己獨立，才能跟其他人建立健康的關係。請記住，沒有人可以代替你過人生，請為健康的獨立做好準備與練習吧！

靠自己建立自尊

提升自尊的第一步，是自己做選擇並負責

小時候的我自尊非常低，但歷經嚴重的青春期叛逆，我從「乖乖牌」變成了凡事都要「為自己」，我不再以父母為中心，而是靠自己做決定。不論升學選系、美國留學、結婚、學英文、學美術、學諮商，全都是我自己想去做的事情。

我每一次做選擇時幾乎很少獲得支持或鼓勵，大部分的人都試圖阻止我並說：「怎麼突然想去美國？」「妳為什麼偏要跟這個人結婚？」「現在開始學藝術，將來拿什麼吃飯？」「都老大不小了，還想當學生？」但我相信自己的想法和判斷，並願意為後果負責。一路上當然挫折不少，也曾經想放棄，但最後我還是靠決心撐了下去。當目標一一達成，我對自己的選擇越來越有信心，也對自己非常滿意。類似的經驗累積多了，我更相信自己所做的選擇，也

更信任自己，而當初那些好為人師的人也漸漸消失了；我的自尊就是這樣建立起來的。

自尊最早是從家庭中建立起來，它是一種人們「看待自己」的方式。人們剛出生無法意識到「自我」的概念，因此嬰兒相信自己跟母親是一體的，小時候父母怎麼看待我們，我們就怎麼看待自己，因此父母看待孩子的方式就形塑了他的自尊。舉例來說，孩子長得再怎麼漂亮，如果家裡常常嫌他醜，他就會相信自己長得醜。

假設一個孩子從小備受關愛，另一個孩子則缺乏關愛，這兩個人的自尊絕對不同。在愛與尊重的家庭環境下長大的孩子較能建立健康的自尊，因為我們的自我意象是來自於小時候周遭看待我們的方式。如果孩子總是被說「你是個壞孩子，一無是處」，他便認為自己就是那樣；常被說「你是有價值的，值得被愛」，他就會秉持這樣的自我認知。最理想的狀態是，孩子在充滿尊重與愛的家庭環境下成長，建立健康的自我意象，並透過自身的努力去實踐。

然而，自尊並非永恆不變，過了青春期之後，父母之於自尊形塑的影響力會減退，必須靠孩子自己不斷努力與負責來提升。

建立自尊的必要條件——自由與負責

就算一個人童年備受父母的寵愛、肯定、支持於一身，當他進到學校或職場之後，發現父母說的話不全然是對的，自己原來長得沒有那麼好看，也沒有想像中聰明時，就會開始對自己感到失望，原來自己只是一朵被父母保護的溫室花朵。這也是為什麼許多被當成小公主、小王子，捧在手掌心的孩子長大後，反而有低自尊的問題。為此，青春期過後要提升自尊，就必須累積「成就感」和「自我效能感」。

想要有健康的自尊，必須訓練自己獨立做選擇，並且為自己的選擇結果負責。**提升自尊的關鍵在於自我效能感，也就是「面對自己的選擇或被交辦的任務時，一種相信自己有能力辦到的信念」**。有些父母為了讓孩子專心讀書，把所有事情都準備周到，這種方式反而無法幫助孩子建立自我效能感，因為孩子除了讀書之外什麼都不會。想要提升孩子的自我效能感，就必須讓他「自己做決定」，並且從各種經驗中累積成就感。

給孩子選擇的自由，並讓他練習為自己的選擇負責，他長大之後才會變成獨立自主又有自信的大人。然而，很多家長企圖在孩子上大學前掌控他的一切，孩子只能唯命是從，以致他們不但沒有選擇的機會，也不用負責。然而，等孩子上大學之後，突然被賦予「無限的自由」還被強迫「負責」，對於從來沒有嘗過自由滋味的人來說，突如其來的自由其實只會帶來恐懼。

這種恐懼就像服刑多年的犯人出獄後的感覺。例如，美國電影《刺激一九九五》（The Shawshank Redemption）的老犯人布魯克在服獄五十年後終於獲得假釋，但他長年過著體制化的生活，出獄後難以適應新的世界，對自由社會的恐懼讓他最終走上自殺一途。在獄中，犯人只需遵照指示就好，他們沒有選擇權，當然也不需負責任。但是監獄外的世界大不同，每一件事都必須做選擇，並且對選擇負責。

想要提升自尊，你必須經歷自由和責任。透過這些經驗累積，你會找到自己真正想要、真正擅長的事。久而久之，你的自我效能感提升了，變得更自動自發，也更有熱情；當你總是懷抱熱情並達成自己想要的目標時，自尊也會變得更加穩固。有很多人雖然認真把交辦的事情做好，卻依然處於低自尊的狀態，最大的原因可能就是很少為自己做選擇。

如果你的選擇是為了滿足父母的期待、符合社會的標準、迴避可能的失敗，這樣對提升自尊是沒有幫助的。

擁有健康自尊的人相信，人生的方向和生活的選擇權操之在己，他們有勇氣去挑戰，並堅持到底。就算他們做的事情在別人眼中是微不足道或失敗的，他們還是能吸取這些經驗，去迎接未來更大的挑戰。擁有健康自尊的人最明顯的特質，就是不跟別人比較，也不害怕失敗，因為對他們來說，人生追求的不是社會的肯定，而是靠自己成就某件事，並且在做的過程中，所有的成功或失敗都是寶貴的經驗。

自尊心和自尊有何不同？

自從大家開始注意到自尊攸關一個人的發展和成功之後，就一窩蜂地想要培養自尊，也因此出現了一些對自尊的誤解，以為凡事主觀意識強烈、專挑自己想做的事做、固執己見，就是高自尊的表現。甚至有些孩子沒禮貌時，家長還會站出來，不准別人傷害孩子的「自尊」。

我們常把「自尊」和「自尊心」搞混，自尊心高、主觀意識強烈的人有時看似自尊高，但實際上自尊和自尊心是不一樣的，甚至可以說是完全相反。**自尊和自尊心最大的差異就在於「自我評價的判斷標準和目的性」**，自尊心是一種想要被他人尊重的心態，自尊心強的人評價自己的標準，通常來自外界的評價和別人的眼光，所以他們傾向誇大自身優點以顯得高人一等。與此相對，自尊高的人更在意自我滿足感，而不是他人的眼光，因此他們不會跟別人比較，也不會輕易評價他人，因為他們認為每個人都是無法比較、獨一無二的存在。

自尊和自尊心從立基點開始就不一樣，自尊高的人看事情靠的是自己的標準和判斷，所以自己的想法和選擇最重要，他們敢於在他人面前展現真實的自我。比起外界評價，他們更在意內在的提升和成就感，內心穩定且充滿自信。這種從容的態度也反映在待人處事上，他們對別人的失誤或失敗也顯得相當寬容。

相反地，光有自尊心的人習慣不斷和他人比較，認為別人的評價和稱讚總是比自我滿足感更重要，因此唯有在比別人優秀時才會感到幸福快樂。這個類型的人並不認識真正的自己，他們所認知的都是為了表現給別人看、為了被肯定的自己。他們把所有的精力都拿來包裝自己，內心則是空虛、不穩定的，所以對他人也鮮少釋出關心和包容心。

乍看之下，你可能以為那些態度強勢、堅持己見、主觀意識強烈、自尊心很高的人也擁有高自尊，**但自尊心太強只是自卑心的另一種表現而已。**擁有健康自尊的人除了懂得尊重自己，也能夠尊重並體諒他人，包容心也強。當你拋下不必要的自尊心，去認識真正的自己，就是提升自我、邁向成熟的開始。

愛自己的練習

培養健康自尊的六個技巧

❶ 獨立自主的生活

我們在做大大小小的選擇時，「自己的想法」才是最重要的。因此不要去符合別人的標準，應該依照自己的想法，明確地說出「Yes」或「No」。

❷ 豐富的間接體驗和直接體驗

自我效能感無法一朝一夕養成，得靠每天努力地嘗試，累積多方面的經驗。因此，即使是微小的成就感也很有幫助。

❸ 找出自己真正想要的

你的選擇不應該是為了表現給別人看或追隨主流，應該問自己想要成為什麼樣的人、想要做什麼，進而找到自己的方向，而這也是建立自主性和主動性的第一步。

❹從父母身邊獨立

觀察那些態度被動的人，會發現很多人在心理與經濟上仍無法脫離父母。其原因不僅是想當個乖孩子或盡孝，更大的原因是心理上和經濟上依然深深依賴著父母。在這種狀況下，他們很難活出真正屬於自己的人生。

❺不與他人比較

請改掉愛比較的習慣，按照自己的步伐過想要的生活才是最重要的。每個人都有各自的樣貌和天賦，就好比拿蘋果跟橘子比是沒有意義的。不要花時間和別人比較，應該花更多注意力探討自己的方向和潛能。

❻多接觸擁有健康自尊的人

人是受環境影響的動物，身在喜歡互相評比的環境中，久而久之思想和行為也會被同化。所以，你應該多接觸成熟進步、能夠主導自己生活的人，從他們身上接收正向的刺激。

遇見我的「另一個伴」

兩個不同世界的人

我從小看了太多婚姻的黑暗面，以致對結婚充滿了懷疑。我不明白為什麼每天吵架還要硬湊在一起，也感嘆大人們的無知，同一個問題居然拖了十幾年都無法解決。不只我父母，我身邊的大人似乎都有悲慘無比的婚姻，因此除非我瘋了，不然我才不要結婚。再加上我又是重男輕女觀念下的嚴重受害者，我可不想結婚後又因為男人而繼續不幸下去，所以我堅持不婚主義。

然而，愛與被愛畢竟是人類最強烈的欲望和本能，婚姻和戀愛從來不曾從人類歷史上消失過，就算父母給我的傷害大到讓我不想結婚、懷疑婚姻，我還是本能地渴望著被愛。

當我決定跟在教會認識的男友結婚時，我下定決心絕對不要步上父母的後塵。我認為既然已經找到心目中的理想對象，那麼未來應該會是充滿幸福的日子，殊不知新婚的甜蜜只維持了一小段時間，婚姻的現實面馬上就浮現了。戀愛時會主動幫我開車門、送我娃娃，溫柔又體貼的男人，婚後居然變成了一板一眼的「歐巴桑」。我不擅長也不喜歡整理環境，總是達不到丈夫的要求而被唸，當然，我也會不甘示弱地反駁回去。

有些特質在戀愛時覺得很吸引人，但是二十四小時生活在一起之後就看不順眼了。例如，丈夫個性外向、勤奮又細心，跟他比起來我顯得非常內向、缺乏活力、丟三落四。相處越久，我們越發現彼此無論是個性、興趣，乃至宗教觀都有很大的差異，我們什麼雞毛蒜皮的事都能拿來吵。有時候我甚至懷疑他不是我當初認識的那個人。

現在回頭看，當時會吵架其實是很理所當然的過程和反應，畢竟兩個幾十年有著不同氣質和個性的男女要生活在一起，不可能沒有摩擦。然而當年的我非常惶恐，因為除了吵架，我沒學過也沒試過其他解決辦法。我很害怕，我明明下定決心不要步入父母的後塵，但現在自己的婚姻也不怎麼樣，而且美國沒有半個知心朋友，我感到眼前一片茫然。

重新學習如何去愛

但是，我不能任由我們夫妻的問題持續下去，我一定要找到解決方法。不只是為了自己，也是為了女兒。我絕對不要讓女兒經歷我小時候的不安和恐懼，這種強烈的意念驅使我開始探討人際關係。我看了許多關於婚姻、人際關係的書籍，想說至少可以靠書本來補救小時候家裡學不到的東西。經過學習，我發現過去我所經歷的人際關係都不夠成熟，我對愛也有新的認知，原來真正的愛是依賴、選擇和努力。（關於愛的主題，會在第四章詳細說明。）

我重新領悟了愛的真諦，了解男女之間的差異性以及每個人都擁有不同的性格和取向，才終於明白我和丈夫的想法和行為只是不一樣，而不是對錯的問題。我還發現我們愛的語言是不一樣的，過去的我只知道用自己的方式去愛他，但這並不是他想要的方式。於是，我試圖去接受、理解、包容丈夫跟我的不同，我們一步步學習怎麼去配合對方。

愛不只是一種相視而心動的感覺，有深度的愛是願意努力理解和包容對方與自己的不同之處。彼此經過一番努力之後，以信賴和理解為基礎建立的愛就能夠戰勝一切。婚後夫妻之間有摩擦是很正常的，年輕時期的我以為愛應該是對彼此的強烈吸引力和心動的感覺，但真正的愛其實是為了守護這段感情所付出的努力和犧牲。

值得信賴的他

「可惡！我又把鑰匙放在哪了？」我急急忙忙趕著去學校上班，卻找不到車鑰匙。我做事情丟三落四，找不到東西已是家常便飯。

我問丈夫：「老公，你有看到我的車鑰匙嗎？」

「昨天晚上天氣變冷，車子都結冰了，所以我先拿鑰匙去熱車，暖氣也開好了。」他知道我怕冷，這是他對我的貼心。這個世界上最了解我、最照顧我的人，就是他了。

自從我開始接受和尊重彼此的差異，夫妻關係也出現了轉變。以前丈夫會批評我的缺點，如今他把那些缺點視為彼此個性和喜好的差異。我很感謝他不再責怪這些差異，而是選擇接納。我們不斷累積對彼此的信任，變得更重視對方，並成為彼此心中的第一順位。即使孩子出生，丈夫依然把我當作他心中最重要的人，我也用支持與尊重來表示對他的感謝。

丈夫溫暖的雙臂總是隨時為我敞開，我不必像以前一樣把頭埋在枕頭下偷哭了。當了媽媽之後，我過去的創傷與痛苦時不時就會發作，丈夫從來不責怪或批評我，他總是包容我，所以我能夠把自己從未示人，最赤裸裸、最真實的一面呈現在他面前，持續地修復創傷。我改善了一直以來無法相信他人的老毛病，丈夫是我可以完全倚賴和依靠的「一個伴」。

我們給予彼此過去未能從父母身上所獲得的愛和包容，像愛著自己的孩子一樣，給予彼此關懷。這種關係的良性循環讓我們變得更親密，成了任何人都無法取代的關係。我小時候未被滿足的情感需求，如今從丈夫身上獲得了。

婚姻是為有著不完美父母的人們所建立的第二次依附機會，這也是為什麼許多研究都指出，親密且健康的夫妻關係，是擁有幸福健康人生和幸福晚年的條件之一。我深切體認到，這個世界上沒有什麼比擁有一個真正理解你、愛你的人更重要的事了，尤其當那個人是你的配偶，你心中所有的陰影都會像奇蹟般消失得無影無蹤。

一眨眼，我結婚超過二十年了，現在，我們夫妻倆當然也有吵架、生氣冷戰多天的時候，但我們心中都明白一件事，那就是我們不能沒有彼此。因此，不分誰先誰後，我們都會主動尋求和好，互相原諒，然後再一次相愛。我們共同成長，因為對方而變得完整。二十年來我們用信任和理解為柱，愛情與溝通為樑，成為彼此在這個世界上最安全自在的避風港。我在自己的家庭裡得到心安的感覺，不再像小時候那樣連待在家裡都還是蜷縮不安。以前的我就像無根的浮萍，無所適從；現在我的心定在丈夫身上，我在我的家庭中重生成一個充滿愛的人。曾經是外人的他，如今是我真正的家人。

我知道我算幸運，因為像我這樣從小飽受創傷、內心有結解不開的人，往往有更強烈的愛與肯定的需求，因此很容易又陷入不對的關係中，進入一直遇人不淑又再次受傷的惡性循環。我明白二、三十歲的年輕人要找到人格和各方面都成熟的對象，是非常不容易的事，但還是要謹記在心的是，像配偶這樣的親密關係，你的選擇關乎到兩人是互相救贖還是互相毀滅。

有關擇偶，最重要的是你必須先對自己有充分且客觀的理解，這一點比對方有什麼條件更重要。婚姻代表你要把自己的生活完完全全跟另一個人分享，如果你連自己是怎樣的人都不知道，又怎麼知道要選誰跟你過一輩子呢？

結婚就像兩個人共同徒手蓋房，除了累積信任，相信對方在任何狀況下都不會背叛或逃走，也要懂得努力付出，一起整地，共同砌起一磚一瓦。出現爭執或問題時，你們能夠一起透過溝通來改善，協調出合作方式。當你們成為一起揮灑汗水蓋房子的好夥伴時，這棟房子就會是經得起任何風吹雨打的安全堡壘。

愛自己的練習

結婚前，該想清楚這些事

- 我是否把結婚當成逃離不幸人生的唯一出口？
- 我擇偶的首要條件是「跟父母完全相反的人」嗎？
- 我決定結婚，只是因為對方一句「我會許你幸福」嗎？
- 對方是一個能用「溝通」來解決問題的人嗎？
- 我們兩人能互相溝通理解嗎？
- 我能跟對方分享自己最不願示人的一面，及我的家庭背景嗎？
- 對方的價值觀跟我契合嗎？
- 我幻想的婚姻生活是只有自在和舒適，不需要付出努力嗎？
- 對方是擁有社會常識，且個性好相處的人嗎？
- 沒有周遭的幫助，婚後我們可以維持生活嗎？
- 對方能客觀看待自己，且足夠了解自己嗎？

結婚是人生最重要的轉捩點之一，不然也不會被稱作「人生大事」了。選擇自己一輩子的伴侶，要比任何事還更小心謹慎。很多人忙著尋找符合條件的理想對象，但別忘了，婚姻就像是兩個人在空地上蓋房子，光有好的建材卻不願意付出努力整地、搬磚、砌瓦，是絕對不可能蓋得出一棟遮風蔽雨又堅固的好房子。**判斷一個人能否結婚，最重要的應該是分辨對方是否能花一輩子和你一起建造房子。**

Part 3

當媽媽之後，我才遇見內在小孩

有時候，也會不想當媽媽

突然從天而降的珍貴禮物

「老公，我好像懷孕了……」我對著話筒大哭。

「不會吧？怎麼會？妳確定嗎？」驚慌失措的丈夫連忙問我。

我用哭紅的眼看著驗孕棒上粗粗的兩條線，最先感受到的不是感動或喜悅，而是排山倒海的擔憂和恐懼，因為我覺得我們還沒有準備好。

我才剛滿二十五歲，就突然升格成媽媽。在這個不孕和難孕比例越來越高的現代，懷孕對某些人來說可能是好運，但對某些人來說卻像是一個不速貴客，例如我。我們夫妻在經濟和心理上都還沒有準備好要迎接貴客，我的大女兒卻突然來到我的生命中，我還得為意外的人生新篇章──「為人母」做準備。

其實我的願望就是當個好媽媽，因此我原本期待等到環境和條件都允許的時候再生小孩，雖然現實沒有按照計劃，但憑藉著「當個好媽媽」的強烈渴望，我也突然生起了雄心壯志。

從女兒出生到滿二至三歲左右，一切都很順利。我覺得為人母是一件很幸福的事，只要是為女兒做的事，我都不覺得累。我居然變成對某個人來說不可或缺的存在，這種感覺真奇妙。同時我也感恩女兒無條件地愛著我、依賴著我，猶如我愛她一樣。我從女兒身上獲得的愛比我付出的愛還要大，我覺得自己可以一輩子當一個好媽媽。

然而，當孩子長大有了自我意識之後，漸漸出現反抗的氣質和行為，我就開始討厭她了。那時我很討厭女兒喊我一聲媽媽，更準確地說，是連「媽媽」這個字都討厭。只要女兒一喊媽媽，我心裡的怒火就會燃燒起來，以致對她理所當然的無法投出溫柔的眼神、說不出溫暖的話了。

怎樣才算是好媽媽？

一想到身邊很多夫妻因為想要孩子而天天祈禱、忍受多次不孕治療和試管手術的辛苦，我就覺得自己很壞，別人如此期待的禮物卻被我嫌棄。我有時對女兒很冷漠、有時又覺得很對不起她、有時又會怒火沖天，我的情緒就像潮水，一天來來回回好幾次。我無法跟任何人說這種混亂的感覺，一是害怕別人覺得我是個沒有母愛的無情女人，二是我自己也搞不懂為什麼會有如此複雜的情緒。

我為什麼會這麼討厭「媽媽」這個詞呢？現在我終於明白了，原來是因為我從小就對所謂的「母親」感到不自在。我不敢跟母親要求什麼，也不敢鬧她，我嚴格要求自己不可以讓母親煩憂。因此，當女兒一副理所當然地做出我以前不敢做、充滿挫敗感的事，我就看不順眼了。

我很小就知道要好自為之，如此早熟的我反而變成了一個僵化又缺乏包容心的大人，無法容忍女兒的吵鬧。

此外，我在懷孕之前其實有很多想做的事，為了證明自己，我沒有因為孩子而放棄學業。當我想為了自己未完成的夢想全力衝刺的時候，卻因為要照顧女兒，不得不被她牽制，無法達到我預期的速度，因此我開始覺得女兒像腳鐐一樣綁住了我。當時的我其實心智還是個孩子，還沒有真正擺脫小時候的自卑，依然渴望得到父母和外界的認同。

我當時還是個不懂事的二十六歲女孩，天真地以為孩子生下來就是一張白色圖畫紙，可以任由我盡情在上面作畫，把她調教成我心目中的完美小孩。但是孩子不是圖畫紙，她天生就有自己的顏色和圖案，而且不會跟我想要的一樣。女兒跟我的氣質完全不同，她的行為是我以前不曾有的，還會反抗我的要求，這讓我不知該如何是好。我越是想要改變她的氣質，我跟她的關係就越惡劣。我對自己感到失望，因為我教育不出理想的女兒，同時也很挫敗，原來我不是自己夢想成為的完美媽媽。

雖然我滿懷熱忱地立志要當個好媽媽，但其實我根本不知道為人母是怎麼一回事。事實上，比起當媽媽，我更想要的是被別人認同。即使我升格為人母，心裡依然是個搶著要別人肯定的孩子，女兒也因為有我這樣的媽媽而飽受痛苦。

好在，我從育兒的過程中開始更深層地探究自己的創傷，我拋下幼稚不懂事的一面，變得更有耐心，逐漸成為了真正的母親。**我終於明白所謂的好媽媽，不是提供孩子最好的環境和最完美的照顧，而是接納孩子原本的樣子，享受親子相處的時光，與孩子共同成長。**

考量孩子的氣質，因材施教

「媽媽，我們一起坐這個！」我敵不過女兒的苦苦哀求，被她拉去坐我不想坐的遊樂設施。

我其實有很嚴重的懼高症，一坐上位子我就趕緊閉上雙眼、抓緊把手，把手都快被我扯斷了。女兒才五歲，居然一副天不怕、地不怕的樣子對我說：「媽媽妳要張開眼睛啊，這個又不恐怖，很好玩耶！」我很懷疑這個勇敢的孩子真的是我生的嗎？

很多家長就算看再多育兒書籍、聽再多家長研習講座，還是覺得孩子很難教，那是因為他們沒有對孩子做客觀的分析。子女教育類書籍裡教的方法，只是共通性的教育通則，但我們一般在照顧孩子時，卻是非常個體性、獨特的，每個孩子的氣質不同，家長的氣質也不同，因此我們不應該盲目地遵照書上寫的去做，而忽視了孩子的獨特性和個人特質。

我生第一胎時，也跟許多家長一樣讀了一堆育兒專家的書，但是讀得越多越淒慘。因為孩子只要不按照書上所說的做，我就會有很大的失望和挫敗感。其實這個結果並不令人意外，畢竟我的孩子跟書裡的孩子本來氣質和個性就不一樣，我跟作者也是完全不同的兩個人。

有鑑於此，我不再找尋個人育兒成功經驗談，而是開始研究兒童發展、兒童心理和大腦科學。後來我還學了諮商學，我發現育兒其實跟訂製西裝一樣，做西裝之前要先了解自己的身材尺寸和喜好風格，子女教育也是要先了解自己跟孩子才對。

假設很幸運地，你的孩子不僅氣質乖巧，個性也和父母合拍，那麼照顧起來就輕鬆多了，然而大部分的狀況並非如此。況且，每個孩子與生俱來的才華、強項、弱項都不一樣，因此就算是生長在同一個家庭的兄弟姊妹，有些孩子是父母的驕傲和開心果，有些卻是問題兒童、調皮搗蛋鬼。事實上，愛吵鬧的孩子並沒有錯，這樣的衝突通常是因為父母不懂得如何好好調教與自己氣質不同的孩子。

因此，父母應該要成為最了解孩子的人。孩子不是一張任父母塗鴉的圖畫紙，反而像是具有無限潛能的種子。父母在管教孩子時，必須充分考量其天生的氣質、特質、強項、弱項，懂得因材施教，至於拿別人家的孩子做比較，則是最荒謬的方式。

自從我了解這個道理之後，我對我的三個孩子分別採取了不同的教育方式。老大情感豐沛、自我主張強烈；老二像我一樣膽小、心腸軟；老么個性外向、喜歡冒險、充滿好奇心，所以我不能用相同的方式去教育他們。因此，在我的育兒哲學大方向不變的前提下，我會用適合個別孩子的方式來調整做法。

我在教三個氣質不同的孩子時發現，教育很像在務農。世界上有各式各樣的植物，它們播種的方式都不一樣，有的澆太多水會淹死、照太多陽光會曬死；有的怕寒；有的怕熱，一熱就長不起來。這就像孩子一樣，有人享受競爭，有人害怕競爭，有的喜歡親近人，有的則很怕生，所以你不能用一樣的方式去對待他們，忽略孩子的個性差異是很危險的。**因此，先觀察並理解自己以及孩子的氣質和個性，是教育子女最重要的第一步。**

理解孩子的氣質差異

氣質是天生的，很難被改變，但也不必失望，我們可以靠後天的教育和努力來補強弱項。知名的氣質研究學者、美國發展心理學家湯瑪斯（Alexander Thomas）和卻斯（Stella Chess），他們根據幼兒二至三歲前的生活型態、社交程度、對新環境和情緒的反應，把氣質分成三種，分別是樂天型（easy）、難相處型（difficult）、慢熟型（slow to warm up），也有些孩子可能是其中兩種的混合型。

❶樂天型

這類型的孩子也就是大家所稱的「乖寶寶」，他們擁有規律的作息，好餵又好帶，很快就能適應新環境，遇到生人也不害怕。樂天型約占四〇％，他們通常不用人擔心，所以父母容易忽略孩子的需求，尤其是有兩個孩子以上或雙薪家庭，更容易因為孩子大多好好的而疏於關心。

其實每一個孩子都需要父母的關愛，父母也應該避免讓孩子產生不被家人重視的感受。

❷慢熟型

這類型的孩子通常在嬰兒時期的表現與樂天型差異不大，但是他們怕生，不喜歡改變環境，且害怕與照顧者分開，這時就需要父母具備足夠的耐心。孩子需要更多的時間去適應新環境、學習新技能，因此當他們準備上幼稚園或小學時，必須給予更多的關心和協助。

此外，為了避免孩子過度依賴父母而無法自主或失去自信，父母應教導孩子如何獨立自主，並協助他們提升自尊。

❸難相處型

這類型的孩子情緒敏感，作息也不規律。在他們學會明確表達好惡之前，通常採取哭鬧、發脾氣的方式來表達，常令父母傷透腦筋。他們對外界刺激也相當敏感，需要很長的時間去適應新環境和新的改變。本身是樂天型或慢熟型的父母遇到這類型的孩子時通常會很挫折，建議可向專家尋求協助。

面對我的內在小孩

爲什麼我會討厭七歲的女兒？

「小希珍在嗎？我要跟她講電話。」

「小希珍好棒！妳什麼都會，簡直是天才！妳這麼聰明是遺傳到爸爸還是媽媽呀？」

只要家人聚在一起，大家都只顧著逗女兒玩。我看了很欣慰，但不知怎麼的，心中隱約感到不悅。自己的女兒受歡迎，身為母親的我應該要感到高興才對，怎麼會有這種反應呢？我這樣還配當媽媽嗎？

我之所以在育兒和夫妻關係中受挫，其實是因為我的內在還不夠成熟。直到為人母後才深刻體悟到，成年並不代表就是大人，我只不過是個自以為長大成熟、做什麼都對的小孩子而已。我總是在女兒犯錯或失敗的第一時間先維護自尊心，不想丟了面子，而不是去關心她。真正的大人應該先顧及孩子的心情，而不是把自尊心和面子擺在前面。

前不久我在吳恩瑛[1]醫師的演講聽到：「育兒不需要雄心壯志。」這只會讓父母的角色變得更艱難。過去我憧憬的育兒其實充滿了父母的好勝心和控制，十九年前的我，立志要讓女兒體驗到我未曾有過的愛和關懷，我要她成為世界上最幸福、最受疼愛、最完美的孩子，但這種雄心壯志反而是一種毒害。

女兒七歲時開始有了自己的想法，我也如俗話說的「七歲孩子最討厭」[2]，莫名地討厭起她。女兒其實跟其他同年齡的孩子一樣，愛作怪、愛搗亂、愛頂嘴，這些行為再正常不過，但我卻絲毫無法容忍。不論我學習再多育兒相關知識，就是無法控制自己的負面感受，不知不覺，烙印在我體內，也就是父母以前的樣子便跑出來了。我大部分的時間都板著一張臉在處罰、恫嚇孩子，而不是開心地陪她玩耍。每次嚴厲管教女兒之後，看著她沉沉睡去的臉龐，我就不禁流下後悔的眼淚。每天一直重複相同的模式，我也不斷地問自己「為什麼」，我到底在生什麼氣、煩躁些什麼？

經過漫長的思索，我終於悟出自己內心深處真正的感受——原來我的怒氣是對女兒的嫉妒。因為我在女兒那個年紀時，就像一粒微不足道的灰塵，從來沒人注意過我，但現在女兒因為是兩個家族的長孫女，也是我們夫妻各自朋友圈中第一個誕生的孩子，所以不管她走到哪裡都備受關注和疼愛，這讓我心生妒火。只要看到女兒的樣子，我內心的小孩就開始嫉妒，這樣怎麼可能好好愛她呢？

每個人都有內在小孩

人的心中都有一個欲望未被滿足、未能長大成熟的精神自我，稱之為「內在小孩」。這種不成熟的精神自我、內在人格，是來自於父母不正確的教育態度或環境所帶來的冷落和孤立感。一個人不一定要經歷重大創傷或遭受照顧者的虐待，只要小時候沒有被充分關愛和照顧，即便長大，也依然會對內在小孩產生負面影響。

1 譯注：韓國著名的身心精神科醫師，也是兒童心理專家，經常於親子關係相關節目中擔任主要來賓。
2 譯注：韓國俗諺，虛歲七歲左右的小孩愛吵鬧又懂得反抗父母，常讓父母傷透腦筋。

如果一個人的內在小孩沒有獲得成熟發展，當他遇到對自己不利的狀況或被攻擊時，其理性思考就會失去作用，只顧著滿足欲望來保護脆弱的自我。**父母在童年時期越是缺乏家庭的情感關愛，就越容易喚起內在小孩，進而影響親子關係。**他們感情上沒有被滿足過，因此不知道該怎麼去愛孩子，而且為了保護脆弱的自我，總是不斷地啟動防禦機制，讓親密關係變得更緊繃。

婚前我信誓旦旦以為自己絕對不會變得跟我父母一樣，但實際上我跟他們一樣吝於稱讚孩子，我說著自己討厭的語氣、用我討厭的眼神看著孩子；我把自己從父母身上所接收到的東西，一件不漏地施展在女兒身上。我對自己失望透頂，但是就算我讀再多育兒書，都沒有一本書告訴我，父母在這個時候該怎麼關照自己的心？該怎麼對待孩子？

後來想想，我會痛苦是必然的。有了孩子之後我漸漸明白一件事——只有被愛過的人，才懂得怎麼去愛。我常常在上教會時向天哭喊，不曾被父母愛過的我該怎麼去帶孩子？我很絕望，比起每兩個小時起床擠奶、連上廁所都得背著孩子不敢離開、孩子生病哭鬧整晚沒得睡，更令我痛苦的是，當她不聽話時，該如何克制自己想要動手的衝動。

每次孩子教不會時，我都必須壓抑想要破口大罵「妳是白痴嗎？這麼簡單都不會，妳以後該怎麼辦？」的衝動，搞得自己咬牙切齒、面紅耳赤；當孩子不停嘰哩呱啦講話或吵著要做什麼時，我很難保持耐性。孩子如果氣質跟我天差地別，我就不知該如何應對，但要是孩子像我，就連缺點也都跟我一樣，看了又心煩心寒，真的是沒有一個孩子如我所願。

我不知道有多少次，縱容自己對女兒發飆又哭著向她道歉了。有人說虐童會世代相傳，就像是五台汽車連環追撞一樣，你突然莫名其妙地被後車撞到，只能不可控制地撞向前車。我也是，我不想撞我的孩子，但是沉睡在我心中的憤怒、烙印在我體內的上一代模樣卻經常跑出來，讓我好幾次想要向孩子撞去。每一次，我都得努力壓抑這股衝動，這對我來說是最大的折磨。

愛自己的練習

你心中受傷的內在小孩，是什麼樣子呢？

❶乖寶寶情結

沒有被無條件愛過或照顧的人，容易因為害怕照顧者或他人的批評與指責，而要求自己符合別人的標準。

❷不懂得拒絕和拜託他人

自尊低、難以信任他人，較不擅長拒絕或請求他人幫助。

❸過度獨立

這類型的人充滿對世界的不信任，認為沒有人能保護自己，所以他們必須靠自己。

❹難以面對他人不舒服的感受

小時候從未哭鬧或被禁止哭鬧的人，長大後也很難面對他人的負面情緒。

❺莫名感到焦慮

這類型的人因為過去的創傷，以致大腦隨時保持警戒，或者因為經常處於不可預測的環境中，幾乎沒有感受過自在安全，所以很容易產生莫名的焦慮與不安。

❻無法與人建立互信關係

由於對照顧者和外界的不信任，導致他們也很難真正相信人與人的互信關係，也很難建立親密關係。

❼對特定對象過度依賴或偏執

雖然他們缺乏對他人的信任，但是為了滿足愛的需求，反而對某些對象做出過度依賴或偏執的行為。

❽極度渴望受到關注和肯定

由於很少被肯定，為了吸引他人的注意，他們可能沉迷於社群網站、過度在意自己的長相，或者做出脫序的行為。

❾很難解讀自己的情緒或感受

他們習慣緊張或壓抑的狀態，難以覺察自己的心情或感受。

❿欠缺同理心

他們只看得見自身的創傷，較以自我為中心，認為別人的問題都只是小事。

⓫喜愛獨處到趨近於孤僻的程度

這種傾向與內向不同，他們在人際關係中無法感到自在，不喜歡結交新朋友或挑戰新事物。

⓬害怕肢體接觸

曾經有過被虐待、被性侵經驗的人，肢體接觸可能勾起他們的創傷，所以害怕與人有身體上的觸碰。

⓭自我毀滅傾向

受到過去創傷影響而自我貶低，或是羞恥感和低自尊作祟，而出現酗酒、沉迷電玩、暴飲暴食等自我毀滅性的行為。

亂遷怒

最後我還是承襲了父母最討厭的那一面

某天，手機傳來女兒學校的電話。我的直覺是：「女兒大概又忘記帶東西了。」隨後，一股煩躁感湧上心頭，心想：「我到底要交代多少次，她才不會老是忘東忘西？」女兒接過電話，聲音聽起來很沮喪，我氣呼呼地把她罵了一頓，不管當時的她才七歲。

小時候我們家的家訓是「責無旁貸」，這句話完全反映了我父親的作風。家庭本來就不是公司，也不是軍隊，但是我父親對孩子的態度就像老闆對下屬一樣，要是我們沒把自己分內的事情做好，就不被當成人看。他不允許任何的出錯或失敗，要是有所差錯，我們就必須負起全責。在那樣的家庭環境之下，什麼愛啊、理解啊、寬容啊，都是不可能存在。

我明明厭惡父親的教育方式，自己卻對女兒做出一樣的行為，且當時我還不覺得有什麼不對，以為自己只是在培養孩子的責任心，直到某個關鍵事件發生之後，我才恍然大悟。

事情是這樣的：大女兒準備升國中，入學前有一場迎新會。因為二女兒剛滿百日，她不願我背著小嬰兒一起去，於是找了朋友代替我，自己一個人就出門了。果不其然，沒多久她就打電話說她忘記帶一份重要的文件，充滿懊悔與歉意地拜託我幫她送過去。

我氣炸了，朝著話筒大罵她一頓，罵完仍無法澆熄我的怒火。我氣呼呼地抵達學校，才發現所有的孩子都有媽媽陪同。我突然察覺到，就算她是長女、就算她不願意我陪她去，我也應該帶著資料陪她一起去、更關心她才對。

面對憤怒的內在小孩

學校窗戶外開始飄起小雨，緊接著變成了傾盆大雨。我好不容易從一群在校門口撐傘等孩子下課的媽媽人牆中鑽出去，舉步維艱地走回家。我的鞋子和衣服全濕，連我的心也成了落湯雞。為什麼孩子忘記帶東西這樣一個小小的請求，就能讓我怒火沖天？女兒拜託的事其實一點也不難，我當時又沒上班，學校離家也不遠，只要五分鐘就能解決的小事，為什麼我每次都要發飆？

我靜下心來，分析自己為什麼會如此激動，才發現我氣的不是女兒，而是我的父母。小時候我母親有工作在身，無暇照顧孩子；我父親總是把「責任感」掛在嘴邊，警告我們要是忘了帶作業或便當，沒人會幫忙送。因此每當我忘記帶便當盒就只能挨餓、忘記帶作業就是挨打，也從來沒跟家人訴苦或抱怨過，但傷心難過的感受其實一直壓抑在我心底，而且是好幾十年。

我以為小時候的事都已經過去了，沒想到當時的情感卻一再被觸發，我心裡吶喊著：「爸媽怎麼可以這樣對孩子？又不是什麼難事！」並把怨氣發洩在手無寸鐵的女兒身上。當我發現原來是自己亂遷怒時，頓時對女兒充滿虧欠，也可憐起當年孤單又憤怒的自己，於是放聲大哭了起來。從那之後，當我遇到類似狀況時，我不再像以前那樣怒氣沖天了，因為我已經好好安慰過憤怒的內在小孩。

那些處在壓抑和控制之下長大的孩子，內心通常充滿了委屈和憤怒，要是不好好化解，這股怒氣最後往往發洩在不該遷怒的地方。只要有人不小心扳動了他內心委屈和憤怒的扳機，就可能擦槍走火，而最容易觸碰扳機的人，往往也是最親近的人。接著，他會把怒氣發洩在好欺負的弱者——配偶或子女身上，而這麼做的同時，最重要的家庭關係也開始變調了。

愛自己的練習

善用情緒列表，找出眞正的情緒

「憤怒」這個情緒底下，其實暗藏了許多其他的情緒。若一個人在家庭中很少有機會表達或溝通情緒，他也會變得不善於辨識內心真正的感受，以致容易把內心沉重、不舒服的感覺通通歸類為「生氣」、「不耐煩」，這麼做可能對人際關係造成負面影響。

事實上，當我們能辨別出憤怒情緒下的真正感受時，就能有效地澆熄怒火，例如，能判斷當下的情緒不是憤怒，而是失望、失落、焦慮，這麼一來就能讓情緒管理變得更簡單。

在日常生活中，建議多利用下頁的「情緒列表」，練習細心觀察和表達內心的感受。

情緒列表

激動	擔憂	感謝	好的	痛苦
好奇	感到可愛	想念	高興	糟糕
驚訝	慶幸	甜蜜	煩悶	錯愕
害怕	感到無趣	沉重	可怕	歉疚
厭恨	欣喜	吃力	思念	羞怯
感到壓力	可憐	焦慮	不爽	不自在
不幸	欣慰	愛	舒爽	暢快
清新爽快	哀傷	雀躍	傷心	難過
驚奇	開心	嫉妒	寂寞	悲痛
同情	惋惜	無情	無奈	委屈
慌亂	感到美麗	寂寞	勇敢	可笑
憂鬱	埋怨	愉快	驕傲	溫暖
忐忑不安	喜歡	快樂	厭煩	難受
辛酸淒楚	丟臉	驚愕	急躁	痛快
自在	平靜	幸福	虛無	空虛
失落	氣憤	舒暢	溫馨	滿足

滿足情感需求，修復內心創傷

對待子女的方式，深受父母影響

自從我長大成人、為人母之後，我最羨慕的就是那些能在健全家庭長大的孩子了。例如，韓國電視劇導演張恆俊，身為家中最小的兒子，儘管他從小不會讀書，父母仍然百般疼愛他；還有吳恩瑛醫師，她本身是早產兒，小時候需要特別的照顧，但她的父母卻無怨無悔地接受、尊重她的樣子。每次聽到他們的故事，我就好像被戳到了痛處，一方面又羨慕不已。他們在正面思考、自主性、情緒管理能力、社會互動和健康的自尊方面表現出色，就像含著情感的金湯匙出生。

近幾年來，經常看到新聞報導，根據父母的財力狀況，年輕人被分為「金湯匙」和「土湯匙」，沒有富爸爸當靠山的二、三十歲年輕人被迫放棄許多選擇。然而，這種令人惋惜的現象不僅限於家庭財力，人際關係也有金湯匙、土湯匙之分。兩位知名的韓國情緒教練——崔成愛心理治療師和曹壁教授合著的《情感土湯匙和情感金湯匙》[3]一書中提到，那些缺乏與父母的穩定依附和照顧、未受過正確合宜管教的情感土湯匙之中，未來把相同的情感缺失傳給下一代的機率高達七〇至七五％。

不僅土湯匙的情感缺失會代代相傳，所有人對待子女的方式也必然受到自己父母的影響。情感金湯匙只要按照父母教他們的方式去教孩子，就能如魚得水地給孩子健康良好的教育，不必像我一樣拚死拚活地學習。和這些人比起來，我真是自慚形穢，也很對不起我的孩子，要是她們的母親生在健康又充滿愛的家庭，而不是像我這種情感匱乏的人，她們就不會那麼常挨罵、洩氣和受傷了。

3 譯注：由韓國 Hainaim 出版社於二〇一八年出版，作者為崔成愛及曹壁。

費盡千辛萬苦，解除代代相傳的魔咒

為了不讓我的經驗傳給下一代，我必須顛覆過去所相信的世界，承認小時候遭受的不幸帶給我的情感缺失，並透過學習新知和正向經驗來填補內心、充實思想。

這個過程相當艱辛漫長，我必須鞭策自己去嘗試過去沒做過的事，還要努力壓抑自己的慣性，有些事別人做起來很容易，我卻得使出九牛二虎之力。雖然我常常想乾脆輕鬆一點用我父母那一套，但我忍住了，因為我不希望孩子經歷我的遭遇，我不要她們感到我小時候的絕望和不安。為了我的孩子，我必須正視內在小孩，讓自己成長。

人的天性就是會模仿、有樣學樣，並且在自己習慣的環境中感到自在，這是因為大腦喜歡重複的模式，所以在不好環境下長大的人會無意識的被壞男人或壞女人吸引，這就是習慣的力量。

改變習慣和行為跟改變大腦迴路十分類似。想要改變大腦的迴路，首先是每一次出現情緒或做選擇時，先停下來思考這麼做對自己和家人來說對嗎？

健康嗎？假如是不對的，那就必須建立新的迴路。不過這個過程就像新闢一條山間道路，非常艱辛。

為了不踏上父母後塵，光靠一股決心很難有所改變。很多吸毒、不倫或家暴家庭的子女就像當初的我一樣，無不立志做出改變，想要為自己創造幸福理想的家庭，並且絕對不要變得跟自己的父母一樣。然而，這些決心實踐起來卻很困難，因為他們缺乏可以學習的榜樣。對於不曾經歷互愛互重、妥善解決衝突和有效溝通的人來說，改變何其困難。

最近人們可以接觸到的育兒和心理學相關資訊越來越多，所以只要有決心，絕對可以學到很多好方法。可是「知道」跟「做到」是兩件完全不同的事，就算你學得再多、看得再多，對自己再有自信，想在日常生活中實踐還是會有很大的落差。或許，把它想成減肥就更容易理解了，沒有人不知道該怎麼減肥，但還是有人會失敗，因為他們只懂道理但不去做。又例如，我們找得到成千上萬有關育兒、夫妻相處之道、人際關係的相關資訊，但人與人的相處之道和溝通還是那麼難。任何事要成功，最重要的還是「實踐」。

要一個人改變幾十年來固定的思考模式和習慣絕非易事。尤其，修補關係又是一件難以立即見效、需要長期努力的事，所以比其他習慣都還難建立。你得違背自己的本性和習性，從無到有創造出新的習慣，需要你痛徹心腑地努力才可能達成。以我本身的經驗，雖然改變就像逆水行舟，困難重重，但我不放棄，因為我相信這麼做能夠讓我跟我愛的家人都幸福。

我每天都跟憤怒、委屈的內在小孩相處，也一邊學習好的管教方式和人際相處之道，並且把它們應用在實際的教育過程中。漸漸地，我不再像從前動不動就火冒三丈或覺得自己受委屈，我跟內在小孩一起成長，變成了一個更有耐心的母親。我終於體認到，不必對孩子露出一副氣急敗壞的樣子，或拿藤條威脅、打頭，也能把孩子教好。

練習和內在小孩相處，創傷才有機會痊癒

為了讓帶著童年創傷的內在小孩成長，我們首先要做的是面對、憐憫受傷的自己。很多人選擇先理解父母，告訴自己：「父母當時也是別無選擇」、「還有比我們家更糟的例子」、「父母也沒學過這些事」、「我能長這麼大，

還不是靠他們」，並且試圖掩蓋自己的傷痛。然而，**沒有被解決的情緒和創傷不會自動消失，它們將一直存在，而且一定會在人生的某個瞬間突然反撲**；也就是說，創傷並沒有被療癒。

因此，我們應該把情緒釋放出來，當過去所有被壓抑的情緒被釋放之後，療癒才會真正開始。但是釋放情緒的時候，我們必須把過去痛不欲生的記憶挖出來，因此很多人害怕或逃避去做這件事，選擇掩蓋而不去面對它。然而，我們應該要「哀悼過去的自己」——本來應該被好好對待的孩子，在充分的自我同情與憐憫之下，傷口才會癒合。

為過去的自己好好哀悼之後，接下來是滿足未解決的欲望。每個人心中渴望的東西都不一樣，有人是名聲和財富，有人是受人肯定或自我實現。這些欲望沒有被滿足就會成為遺憾，而遺憾又會產生了眷戀、後悔和偏執。當我們想做的事、想要的東西在某種程度上獲得滿足的時候，也就滿足了內在成長的條件，但是很多人因為把欲望隱藏起來，以致他們的內在小孩無法獲得成長。欲望必須先被承認，才能被滿足。當你開始這麼做，並發現自己能用健康的方式向信賴的人傾訴這些欲望時，就表示你已經開始改變和成長了。展開與內在小孩相處的練習，是成為真正大人的必經過程。

即使老套還是得說：凡事先愛自己

婚後我開始接觸這輩子想做卻一直無法去做的事——學畫畫。小時候爸爸不准我學畫，而那次的拒絕不單單代表爸爸捨不得花錢，更像是他對我的否定，我為此難過了很長一段時間。如今我不需要任何人的幫助就可以盡情學習我想學的東西了，我開始在美國學藝術，並透過學畫來療癒自我。

繪畫帶給了我意想不到的療癒效果。小時候很多事都是我無法控制的，我只能任由風暴把自己吹得東倒西歪。然而畫畫的當下我可以掌控一切，用手上的畫筆把眼前看到的、心中所想的圖像畫出來，而且完全是根據我的意念；那瞬間，我覺得自己像個創造者。不僅如此，畫畫本身就具有淨化心靈的作用，所以在學畫的過程中，我感覺自己的心靈獲得修復，也開始對藝術治療感興趣，甚至還去讀了研究所。

不只畫畫，任何創作型的藝術活動也都有類似的效果，例如：寫作、音樂、木工、烘焙、舞蹈……。你可以主宰並創造出作品，這個過程將恢復你原有的自主性和主動性，使你進入心流狀態、忘卻痛苦，也同時恢復能量。由此可見，**藝術活動本身就具有療癒的效果，這也是為什麼許多心理治療師建議大家擁有適合自己的愛好。**

我學畫學了很久，雖然沒有把畫畫當成職業或拿來賺錢，但我從不後悔學畫，因為畫畫證明了我並非一無是處，同時畫畫恢復了我的自主性、主動性和主控欲，讓我成為一個更好的自己。此外，我懂得去滿足自己真實的欲望，學會真正地愛自己。我的自尊不知不覺提升了，也不再有自卑或自我貶低的感覺。我的內在小孩變得幸福又堅強，而當我變得幸福，我與周遭的關係自然也變好了。

現實生活中，我們不可能滿足所有欲望或願望，而且這也不是健康的方法。關鍵是不要讓自己長久以來的夢想成為一輩子的遺憾，因為遺憾並不會隨著時間被遺忘。即使我已經實現了學畫的夢想，我現在仍時常問自己：「什麼是我真正想做的事？什麼事沒做會後悔？」關心內在小孩能讓你開始認識自己，學習跟內在小孩溝通，你會變得更愛自己。

愛自己的練習

克服無力感，從訂下小目標開始

人會變得懶散、失去動力，是因為缺乏自主完成事情的成就感。如果一個人小時候經常被要求順從他人，或需求總是被漠視，就很容易覺得自己無能為力。克服無力感最好的方法就是為自己設定小目標，並且一一去達成，可參考如下：

- 少吃零食，一天走路半小時。
- 聽演講或看書半小時。
- 去附近旅行。
- 寫心情日記。
- 聯絡想見的人。
- 打掃，或把累積的髒衣服洗乾淨。

很多人一開始就把目標設得太高，這樣很容易中途放棄而再度受挫。設定目標時不要設得太難，而是從目前能夠輕易達成的小目標開始，這些小小的成就感可以恢復你的自信，讓你開始找回生活的主控權。

有可能和曾經傷害我的父母和解嗎？

同理心也是一種能力

某天，我打通了視訊電話給母親。

「媽，是我。」

「是我最可愛的女兒打來啦！」

「咦？為什麼突然說我可愛？」

「我以前從來沒說過愛妳，或是稱讚妳可愛，趁現在還來得及。」

我頓時淚流滿面。看來我這個四十幾歲的人，內心仍舊渴望聽見母親的稱讚。

人即使被自己的父母傷害，內心仍然渴望獲得父母無條件的肯定和愛，這就是人的天性。因此，許多人試圖跟父母和解，希望總有一天能得到父母的愛和肯定。我也是一樣，成年之後我也常常鼓起勇氣說出小時候說不出口的傷痛，我以為只要誠摯地講出來，就算已經是很久以前的事了，父母還是能理解我的心情，進而和解。然而，父母的反應往往和我預期的相反。

母親因為外公的反對而無法繼續升學，只拿到了國中文憑，所以她特別在意學歷。她很羨慕那些能穿制服去上學的孩子，覺得他們是世界上最幸福的人。為了彌補當初的遺憾，母親年過五十決定重返校園。她通過學力鑑定考試，考上了技術學校的社會福利學系，甚至還一路升上研究所。在這之前，我跟哥哥每次向她訴苦時，她都只用一句「我自己也很痛苦、很想死啊！」來回應我們，但自從她接觸到兒童發展與兒童心理學之後，才後悔自己當初這麼說。母親透過學習，漸漸了解我跟哥哥當年的無助，她終於明白不論自己再怎麼辛苦，父母還是要扮演好父母的角色。從此之後，母親每次接到我的電話都會哭著跟我道歉，我冰冷的心也因為她的誠意而融化了。

然而，我父親的態度則恰恰相反。我希望他能理解我跟哥哥小時候在他面前大哭的心情，但遺憾的是，他完全不能理解。我終於明白了，原來我父親欠缺同理的能力，所以從此之後我再也不要求他理解或同情我了，因為對一個沒有同理心的人哭喊，只會讓自己更加痛苦而已。我只能改變我對父母的看法，承認父親是一個不成熟且不完整的人。

俗話說，父母與子女之間是切不斷的倫常關係，然而多數精神疾病的起因其實源自於童年與父母相處的問題。由此可知，父母對孩子來說，擁有絕對的影響力，但是問題就在於，並非所有父母都具備成熟完備的人格。金惠南博士在《活在今日》[4]一書中寫到，**理解或同理他人是一種能力和技巧，而承認父母缺乏這種能力是寬恕的第一步。**

「成年」及「大人」的差別

「大人」並非只是長高、變壯、能夠賺錢養活自己就稱得上大人；成熟的大人是懂得承認自己的經驗和知識不足，並接受自己無法樣樣都達到完美。**我們都是不完美的存在，你必須接受自己的錯誤，才有可能對他人寬容。**父母也應該如此，所謂真正成熟的父母，是能夠承認自己的「盡力」不一定是子女認為的盡力，並且當自己的不成熟造成年幼子女的心理創傷時，能夠承認並安撫孩子受傷的心。

成熟的父母必須具備對他人的理解和同理能力，以及包容力。由此可見，成熟是一種「能力」，而缺乏同理能力的人實際上比想像中多，這些人並不會因為成了爸媽就突然擁有極佳的同理能力，因此他們的家庭關係很容易出問題，出問題之後也很難修復。欠缺同理能力也意味著無法互相理解、為錯誤道歉，以致家人間如同最親密的陌生人，彼此的想法是兩條無交集的平行線。

與父親溝通的過程中，我發現一個事實，那就是並非所有關係都能朝我想要的方向發展。不論我再怎麼積極、誠懇，對方的想法和反應都不是我所能控制的，但那是他的選擇，也是他的責任。每個人的價值觀和想法都不一樣，即使年紀再大，內在可能還是不成熟。當一個人停留在原地，沒有隨著年齡與歲月變得成熟時，要求他改變成家人或社會所期盼的樣子，是非常困難的。

4 譯注：由韓國出版社 Ganapub 在二〇一七年出版。

原諒是爲了放過自己

母親充滿誠意地跟我道歉，我才終於原諒了她，與她和解，而這一切都是靠她自己努力得來的。她承認以前的自己雖然已經盡力做到最好，但對子女而言可能並不是最好的。她真誠地向我們道歉，而且她到現在仍然很努力告誡自己不要重蹈覆轍。我們雙方都在為這段關係努力，所以才能達成和解。但是我還是無法跟父親和解，頂多是在心裡原諒他而已。

「原諒」傷害自己的人，是不再有報復之心、不想再被對方影響，而非大慈大悲無條件地包容對方。「原諒」為的不是別人，而是自己。若一個人選擇不原諒，其內心將經常被報復心、憤怒、憂鬱、委屈等負面情緒所占據，就好像把毒藥抱在自己懷裡，抱得越久，人生就越悲慘。傷害別人的人照樣過他的日子，被傷害的人反而自討苦吃。

為了讓自己好過，我必須原諒我的父母；現在的我，已經不再要求他們為我的創傷負責了。其實我也是花了很長的時間，年過四十才終於能理解父母，並接受當年的他們已經盡其所能扮演好父母角色的事實。要面對長久壓抑在心底的情緒，並接受為人母的自己也不是完美的人，除了漫長的歲月之外，也需要拉開心理上的距離。由此可見，要好好原諒、理解一個人，比你想像的還更需要時間和經驗，所以不必因為著急就做出違背真心的原諒。

和解不是單方面的事

人們很常把「原諒」和「和解」相提並論，但它們是完全不同的概念。誠如我先前提到的，「原諒」是自己的決心，決定不讓自己被對方影響、不讓仇恨變成冤冤相報的惡性循環；「和解」則是和對方恢復和諧友好的關係。我們可以原諒車禍肇事者，但不需要跟對方和諧相處。**原諒並不等於和解。**

有兩個方法可以跟傷害自己的人和解，第一，是擁有宰相肚裡能撐船的雅量，一概包容對方的所作所為；第二，是雙方都承認自己的錯誤，努力協調。然而，第一種方法是不符合人性的，童年創傷都還沒癒合，很難包容繼續在傷口撒鹽的父母吧？至於第二種靠自己則絕對是孤掌難鳴，和解需要兩個人一起拿出誠意，承認各自的問題並努力改善才行。

要是遇上冥頑不靈的父母，越是試著和解只會讓自己越難過失望，因此和解必須謹慎為之，操之過急反而會加深雙方的心理隔閡。如果父母當下沒有意願配合，對彼此最實際的做法可能還是保持適當距離，不讓傷害繼續。

你可以用任何方式向父母表達你的創傷和痛苦，但出發點不應該是責備或抱怨。你尋求和解是為了讓自己的心得到修復，所以要用健康的溝通方式傳達你的初衷。不要奢求父母會一下子接受，並誠心誠意跟你道歉、從此改頭換面。因為那些都是父母自己的意願，不是你所能決定的。

比起和解，更重要的是療癒自己

如果你多次試圖跟父母和解，卻始終挫敗、關係也變得越來越糟，這個時候要先回頭仔細想想：「彼此都有寬恕及和解的意願與能力嗎？」只要有一方不具備，就很難達到真正的和解和有效的溝通。或許你們需要更多時間等待傷口癒合，在還沒癒合之前，你們的對話反而加劇彼此的摩擦，不停在對方的傷口上撒鹽，最後只會留下更多的傷。這時候，更聰明的方式是拉開距離，停止互相傷害。

父母上了年紀，要他們改變並不容易。雖然還是有少數的父母因為某些契機有所覺察，並承認當年的錯誤，向子女道歉，但真的不多見。大部分的人只記得自己愛孩子、為家庭盡心盡力的那一面，而這也是為什麼跟父母和解會那麼難。

有些人心裡明明不能諒解父母，卻還是勉強自己去原諒父母、和父母和解，因而耗費了大量的精神和能量，令人惋惜。你越用力，失望與傷痛就越大。所以與其執意去改變時機未成熟的事情，不如多接近那些真正愛你、疼惜你的人。先療癒好自己，不要讓過去的創傷和痛苦阻擋了心靈成長的機會。

比起要求父母說對不起或雙方大和解，更應該把注意力放在「療癒創傷」上。先處理自己的傷口之後，才能有所成長，不被過去綁架。不讓情感缺失代代相傳的最有效方法，是讓自己內心成長，做出跟父母不一樣的選擇。

世界上最珍貴的情感莫過於親子之情，但也不必因為自己的家庭不盡完美就過度焦慮或苛責自己。**親子關係也只是其中一種人際關係罷了，所有的人際關係都是雙向的，只要一方不打開心門，另一方也是無計可施。**所以，你能做的是把自己照顧好，不要因為太執著於這段關係而錯失其他重要的人際關係，或讓自己陷入困境。你的心必須靠自己來呵護，這麼做才能成為人生真正的主人。

愛自己的練習

如何與父母保持適當距離？

即使是親子關係，彼此也應該維持適當的心理距離。如果你的情況符合以下描述，請務必與父母拉開心理距離，如此才能好好處理創傷。

- 父母完全不能理解我的創傷和痛苦。
- 相較於子女的創傷，父母更在意外界的眼光、自尊心、名譽。
- 就算我已經成年，父母依然試圖在各方面掌控和干涉我的生活。
- 我一直在幫父母解決他們的問題、當他們的情緒垃圾桶。
- 父母在經濟上過度依賴我。

試著按照以下的做法，拉開與父母的心理距離：

- 拉開物理距離：如果你已經濟獨立，請搬出去住，直接跟父母拉開物理上的距離。
- 設定時間與金錢的界線：把回家看父母的次數、通話時間、孝親費等，都規定清楚。
- 明確告知父母你討厭聽到的或談論的話題，以及不希望再發生的狀況。
- 拒絕你不想要的協助（比如：家事、經濟援助）。
- 不論父母會有什麼反應，都能表達出自己不舒服和痛苦的感受。
- 不被父母的話或反應牽著鼻子走；記住，你不必為別人的想法負責。

Part **4**

療癒自我，從覺察內在開始

情緒沒有好壞之分

不論何種情緒，都要試著去理解

「妳怎麼會這樣想，壞孩子才會有這種心態！」
「哭什麼哭！生什麼氣！沒禮貌的孩子！」

小時候，我都是聽這些話長大的。或許現在還是有家長會用這樣的說話方式，教子女當個「有禮貌的乖孩子」，但是這些話語其實都是在否定孩子的感受，如此一來，孩子不僅覺得感受被否定，連自己也被否定了，心想「原來我生氣就是壞孩子」。

人們害怕表達負面情緒，是因為把「情緒」和「行為」混為一談了。講到生氣，我們就想到暴力；講到傷心欲絕，就聯想到不吃不喝、頹廢度日，這些行為讓我們把生氣或傷心的情緒貼上了負面標籤，然而，情緒並不等於行為。

正確解讀情緒可以讓你活得更自在。情緒就只是情緒，是每個人根據自身所處的狀況和條件，出自於本能所產生出的不同反應，這些千變萬化的情緒並沒有好壞之分。問題在於受到情緒影響之後，人們有時候會做出「不好的行為」和「不對的選擇」。比方說，雖然父母可以為子女上刀山、下油鍋，但教育孩子難免還是會有心煩的時候，這是再正常不過的情緒了。可是，如果因此對孩子說重話或體罰，這就是不對的行為。有情緒是正常的，但因情緒失控而做出錯誤行為就會變成「問題」。

所有的情緒都是對的，而且情緒不會永遠存在，沒有人能一輩子開開心心，也沒有人會一輩子帶著仇恨，我們的情緒會一直起起伏伏，所以最好的方法就是讓情緒自然地離開。我們會感到痛苦，是因為壓抑了原本自然產生的負面情緒。我們有時候會討厭或嫉妒兄弟姊妹，有時候覺得父母很煩，這些都很正常。不想上班、不想上學、不想讀書……，這些情緒並沒有不好，而且大部分的人就算有這些情緒，也還是默默地把該做的事做好。

因此，我們不必壓抑或否定情緒的存在。如果你經常壓抑負面情緒，久而久之你對情緒反應也會變得越來越遲鈍，連正面情緒也感受不到。**當一個人對日常的喜怒哀樂無感，也就感受不到生活的樂趣，嚴重時可能會演變成憂鬱症**。此外，當你無法好好覺察和表達自己的情緒，你也很難察覺出他人的情緒，也就是同理能力變差。

我很感謝辛苦把我養大的父母，但我同時也怨恨他們。我常常因為心中兩種截然不同的情緒而討厭自己，時常自責「我怎麼能恨把我養大的父母？」、「怎麼能討厭自己的孩子？」、「我不孝又缺乏母愛，我是個壞人」，但我越是否定和壓抑情緒，負面情緒就越壯大。

後來我開始學習處理情緒，試著承認當下的感受，並讓情緒自然地離開。

「好，我知道了，這件事的確可能讓我有情緒。」

「我的情緒是很正常的。」

我試著讓情緒自然地流走，漸漸地，我不再像以前那樣總是在心中堆滿了負面情緒。我知道所有的感受都是有原因的。當情緒不再沉重地壓在心頭，我也變得自在輕盈多了。

我從小個性敏感又容易焦慮

看著剛出生不久的女兒在我懷裡動來動去，第一個出現在我腦海的念頭是：「我能保護她一輩子嗎？我若生病或出意外，她一個人該怎麼辦？」比起初為人母的喜悅，我更擔心自己照顧不了她一輩子，一想到這孩子遙遠的未來，我就擔憂得不得了。

近幾年，我們不難看到焦慮症或恐慌症患者出現在周遭或電視上，不過這個變化是很好的現象，因為在此之前，社會對身心科還帶有負面觀感，造成就算有類似的症狀，也沒人敢去看醫生或告訴身邊的人，更別說是我小時候的年代了，當時連恐慌、焦慮這樣的詞都沒有。小時候，我是個極度敏感、焦慮的孩子，或許是因為個性使然，我對父母的衝突和家裡冷漠的氣氛也感受特別強烈，造成我心中難以抹滅的創傷。為了壓抑焦慮的情緒，我往往選擇沉默、隱藏、逃避，或是哭泣。

我很不喜歡接觸陌生人或新環境，所以開學重新分班是我最大的痛苦。我討厭要跟好不容易變熟的朋友分開，也很害怕接觸新老師跟新同學。我一點都不喜歡我的校園生活，因為對我來說只是「開學、好幾個月的耍孤僻、跟朋友變熟、分班」的無限循環而已。

小朋友們最愛的操場攀爬器材、飛上天際的盪鞦韆，我全都不敢玩；我幾乎不上台報告或表演，上課從不舉手，下了課也不主動跟其他人打鬧或玩遊戲；我永遠是班上那個最安靜、最沒有存在感的人，套一句最近的話就是「邊緣人」。同學們都很會上台報告、運動、唱歌，還很會讀書，好像只有我一個人害羞又膽小，什麼都不會，所以我會試著去接近那些活潑開朗的同學，但我終究無法成為像他們那樣的人。

不排斥，而是學習和焦慮共處

以前的我會隱藏自己膽小又容易焦慮的個性，甚至想要改掉它，但現在的我懂了，焦慮不是毛病，而是人的本能。為了解決對未來的焦慮，科學和醫學技術才得以發展，說不定我們能活在一個安全和諧的社會，都要感謝「焦慮」。人若是沒了焦慮，恐怕難以在社會上生存，因為沒有焦慮的人就像沒有煞車的汽車，反而會帶給自己和他人更大的危險。

於是，我接納了自己高度焦慮的個性，而且為了不被焦慮控制，我仔細觀察並照顧好自己的身體和情緒反應。例如，每當我腸胃不舒服、頭痛或做惡夢時，我就知道自己太緊繃了，需要休息。這時我會好好愛自己，比如：享受美食、好好睡一覺、和喜歡的人聊天、畫畫、閱讀……，做一些真正能放鬆並帶給我快樂的事情。

「焦慮」不再只是我的要害。我愛擔心，所以我做任何選擇都特別謹慎；為了彌補自己的不足，我比別人更勤奮努力；因為我從來不貿然行事，也不做危險的舉動，所以壞事或大麻煩都跟我沒關係，我也從未發生過嚴重的事故；我用心適應新環境，所以培養出敏銳的觀察力和同理能力，讓我懂得拿捏跟人相處的分寸，不論對象是誰，我都不會做出踰矩的行為，這種態度也讓我能很快取得他人的信任。

至於我的缺點——社交能力和領導力不足，則可以靠後天的學習來改善。

透過練習，確實可以改善不敢在陌生人面前發言的問題，我從一個不曾舉手發言的小女孩，變成現在已經能在好幾十人面前用韓文和英文高談闊論、領導大家的人。

雖然我還是不敢嘗試高空跳傘、走高山吊橋、背包客環遊世界、衝浪之類的活動，畢竟兩隻腳能穩穩踏地的活動才最能讓我安心。但是，我還擁有許多其他的快樂來源，例如，透過閱讀來汲取新的經驗和智慧、透過畫畫發揮腦中的創意、和知己促膝長談、用文字與人交流並帶給人安慰。**我們不必跟別人喜歡一樣的事。**

如今除非是和我很親近的人，不然很難看出我有高度焦慮的情況。我變了很多，但並不表示焦慮已經消失了，有時焦慮和懷疑的情緒還是會莫名其妙地襲來，只是現在的我比以前更懂得如何駕馭它們了。

愛自己的練習

管理情緒的六個技巧

很多人都說情緒管理很難。情緒管理得不好，可能讓你做錯重要決策，也可能搞砸親密關係。事實上，**情緒管理的第一步，就是照顧好自己、做好自我覺察**。以下是管理情緒的六個技巧：

❶維持良好的體力

好好管理體力，不要讓自己處於體力耗盡的狀態。健康狀況差或疲勞會使情緒更難以控制。

❷仔細觀察身體的反應

有時身體會比情緒更早出現反應，例如：腸胃不舒服、冒冷汗等都是焦慮的徵兆。

❸理解自己的自卑感與創傷

未被解決的自卑感和創傷，會變成引起負面情緒的觸發點，讓你很容易受傷或被激怒。解決它們最好的方法就是面對它、承認它，以及關懷自己的內在小孩。

❹先確認事實，再採取行動

認知會影響你的情緒、促使你去行動。透過思考，你可以避免主觀猜測而做出輕率的行為。換言之，當你試著確認事實或先調整思緒，情緒就會變得更容易駕馭。比如，在你認為對方看不起你（認知）而生氣（情緒），想要對他咆哮並理論（行為）之前，先確認事實是否真的如你所想。

❺仔細觀察情緒的細微變化

要能覺察出正面情緒，才能覺察出負面情緒。只要平時仔細觀察並辨識內心情緒的變化，管理情緒就不再是難事。

❻以健康的方式表達情緒

健康抒發情緒的方法非常多，例如：向信賴的對象傾訴心事、寫日記、寫信、畫畫、彈奏樂器、唱歌、散步、運動等。

我決定要好好愛自己

了解什麼是「愛」

風靡全球的韓流代表偶像團體「BTS防彈少年團」，有一首歌叫〈Love Yourself〉，某種程度反映出我們處在一個「愛自己」的時代。時代變化還真大，人們以前還覺得把自己擺第一是非常自私自利的行為。然而，我們真的知道怎麼愛自己嗎？

事實上，你會發現身邊很少有人真正愛自己，因為我們都誤會了什麼是「愛」。大部分的人以為「愛自己」就是看到想要的東西就買、隨心所欲地吃、睡覺睡到自然醒、不想做就擺爛等微小快樂或耍廢，但其實我們都搞錯了愛的定義。那麼，到底愛真正的定義是什麼？要怎麼做才是愛自己呢？

我們以為愛必須充滿悸動和愉悅感，像是「墜入愛河般喜悅」的狀態，這個定義讓天下所有縱情享樂、燈紅酒綠、遊戲人間都可以被包裝成愛。然而，這種愛往往走向成癮、墮落、自暴自棄的下場。愛情也是一樣的道理，愛得火熱時天天都要見面，見不到就像坐牢一樣煎熬，因此小倆口就立下了海誓山盟永不分開，但最後能夠堅守約定的人少之又少。愛，原來是這麼捉摸不定、自我本位的嗎？

占有、控制等，都不是愛

心理學大師埃里希・佛洛姆（Erich Pinchas Fromm）在其《愛的藝術》（*The Art of Loving*）一書中說「愛乃對我們所愛者的生命及其成長的積極照顧」，這句話的核心在於「對生命及成長的積極照顧」；美國精神科醫師史考特・派克（M. Scott Peck）也在其著作《心靈地圖》（*Further Along the Road Less Traveled*）中提到「愛是為了滋長個人和他人心靈成長，一種發乎真誠意願的行動」。

由此可見，愛的關鍵在於「成長」，所以以愛之名「放縱」自己享樂或偷懶的行為絕對稱不上愛。「成長」不是隨便想做就做，不想做就擺著不做，而是就算不舒服、不情願，也能堅持努力去做。因此，從某方面來看，愛其實很像肌力訓練。為了長出肌肉，就算再怎麼不想做、身體再累，也還是得咬緊牙關把它做完；即使氣喘如牛也得堅持下去，因為這樣才能生出肌肉來。光是想而不去做，絕對不可能長肌肉。愛也一樣，光是心裡想著愛是不夠的，愛的維持必須靠積極的照顧，讓自己動起來。

用這個概念去定義愛，就會發現許多事情都變得不一樣了。以愛之名去冷落或控制一個人是不合理的；說「愛淡了」、「愛變了」也不對，那只是代表你再也不願意付出精神跟努力去面對關係。相愛的關係應該是共同成長、一起邁向成熟，所以偽裝成愛的「執著、占有、約束、控制、暴力」，全都不是愛。

先理解什麼是愛，才能辨別哪些是愛、哪些不是愛。任何形式的成癮不是愛，不尊重對方意願的體貼或糾纏不是愛，沒有自我成長、求回報的犧牲奉獻也不是愛。愛是成長、行動，是負責任、公平與正義，因此愛是勇氣、成熟，是自我成長。**只要你能夠辨別真正的愛，你就具備了「愛自己」的能力。**

愛自己的第一步，是認識真正的「我」

什麼是真正的「愛自己」呢？愛自己就是積極使自己成長和成熟，按照自己原本存在的目的發展。人們經常誤會了成長或發展的意思，以為那就是成功，所以很多人夢想成為成功人士，以為成功就是進入好的大學、找一份好工作、和條件優秀的人組成家庭。但是，「成長」並不是指一份好工作或社會上的成功。

美國心理學家馬斯洛（Abraham H. Maslow）認為，人類要達到與自我和諧的最終境界，應該是音樂家創作音樂、畫家畫畫、詩人寫詩，也就是說，活出自己就是達到幸福與滿足的最高層次——即「自我實現」。此外，完形治療法（Gestalt approach）中也有「真我」（true-self）的概念，該理論認為每個人生來都具有自己獨特的樣貌、才華、能力，人人都是獨一無二的，而當我們把自己天生的能力發揮極致、找到自己的真我時，就能活出心靈安定與幸福的人生。然而成長的過程中，真我被壓抑、扭曲，無法獲得適度的發展，使我們的心靈也因此受苦、生病。

關心自己、努力讓真我獲得成長並得以展露，就是「愛自己」和「自我實現」的表現。愛自己的第一步是「認識自己」，比如，知道自己喜歡寫作，還是喜歡運動？你的快樂是來自於唱歌跳舞，還是幫助別人？如果對自己一知半解，就無法有良好的成長，也無法好好愛自己。

遺憾的是，現代人往往在「真我」和「假我」（false-self）之間拉扯，人們以為假我比真我更容易獲得外在的肯定和愛，所以努力賺錢、去整形、不斷追求成功，藉此吸引外界關注，以為這麼做可以更接近真我。殊不知這只是在折磨真我，讓它離得越來越遠、讓人變得不快樂。

最聰明健康的方式，是放下展現給外界看的假我，接受自己原本的樣貌。你必須先對自己進行一番客觀的了解，該接受的就接受，該放棄的就放棄，如此才能開啟真正的精神成長之旅。

能夠自我了解、自我尊重的人，才有能力去了解和尊重他人。身為腦科學家的韓國科學技術院教授金大守曾說：「人類生來就無法愛別人。」因為人類的大腦原本就是如此設計，人之所以會愛上他人，是因為大腦把對方當成了自己。反過來說，沒辦法真正愛自己的人，也很難真正愛人。愛，是把對自己的理解和尊重擴張到他人的一種表現，而這種內在發展和成熟，決定了一個人的精神健康和生活品質。

大家都說要愛自己、要提高自尊，但大部分的人都不知道該從何做起。首先，你應該學會分辨什麼是愛，接著，你必須客觀看待自己、接納自己。這個過程比想像的還漫長且複雜，你必須學習關照自己，覺察內心感受到的每一種情緒，找出自己真正想要的東西。它絕非一蹴可幾，甚至可能要花一輩子去探尋。

對我而言，我不要像偶像劇般浪漫邂逅、命中注定式的愛，我想要的是能夠為選擇負責、帶來成長的愛，藉由一點一滴的成長，讓我逐漸展露出真實的自我。因此我不斷地問自己：「我是誰？」「我真正想要的是什麼？」並且挖掘過去，客觀分析自己的缺點和優點。透過許多人生經驗和挑戰，我也越來越認識自己。

懂得覺察自我，而不是隨波逐流

想要做自己、成為內心的主人，首先，要學習如何覺察情緒。「人是理性的」是常有的誤會，其實人類更常被情緒支配，而情緒往往影響了我們生活中的重要決定和行動。出於恐懼，我們會選擇穩定；因為不安和不確定，我們會選擇逃避；為了被認同和獲得歸屬感，我們甚至會犧牲自己。那些看似情緒平穩、逆來順受的人常被以為抗壓性高，但如果一個人總是習慣把情緒壓抑下來，當他瀕臨情緒臨界點時，就很容易調節不了而直接崩潰。反而是那種任由情緒隨情況變化的人比較柔軟，不會輕易被擊潰，因為他們懂得如何覺察和控制情緒。

我們長期以來活在一個要你無視內心真正感受的社會，當你顯露出害怕、不安、恐懼的瞬間，就代表你是個弱者。但是真正健康的人應該在出現情緒時，能夠辨別出這種情緒是疲累、焦慮、擔憂、失望，還是嫉妒，接著依照情緒做出適當的處理。面對這些不舒服的情緒是很不容易的，因為不論家庭、學校，還是社會，沒有任何人教過我們該如何管理情緒。

從前的我只要生氣或有不舒服的感受時，也是選擇隱藏情緒。面對內心的感受令我非常痛苦，所以我從來沒有去正視那些不舒服的情緒，反而壓抑它們。我會躲起來哭、不跟任何人傾訴，或把頭悶在被子裡睡覺。然而這些方式完全沒辦法排解情緒，導致日後只要出現相似的情況，我還是一樣感覺不舒服，一樣把自己藏起來。

後來我學習了心理諮商，才終於懂得如何面對自己，以及處理自己的情緒。然而，對曾經有過嚴重心理創傷、虐待、意外事故的人來說，面對情緒其實是很不容易的。因此，視情況所需，可適時地向專業的諮商師或身心科醫師求助。

我用沉默和睡覺來壓抑和逃避情緒，但更多人選擇了暴飲暴食、酗酒、沉迷電玩等更直接且高強度的刺激，因為這些刺激就像止痛藥一樣，可以瞬間讓負面情緒痲痺。然而，這只是一種逃避手段，並不能解決問題，越常這麼做只會惡性循環，讓狀況越來越糟。

我們常常忘記自己真正的樣子、真正喜歡什麼，如果我們為了符合父母的期待、負起對家庭的責任、按照職場的要求而活，久而久之，內心的「真我」

就會逐漸凋零。別任由真實的自我凋零衰敗，有時候我們應該停下來回顧自己的內心。

你需要留給自己一些時間自我審查和思索，這樣才能好好疼愛自己。

愛自己的練習

我是一個怎麼樣的人？

❶你通常在「獨處」還是「與人相處」時獲得能量？

❷什麼情況最令你感到害怕？

❸什麼時候你最能集中注意力？

❹什麼情況令你感到麻煩？

❺你通常如何回應別人對你的看法或批評？

❻你目前有參加任何活動或聚會嗎？如果有，是什麼呢？

❼有什麼事情是你希望能做好的？為什麼？

❽你通常如何面對新的挑戰或新認識的人？

❾當你遇到必須承擔責任的情況、工作或任務時，你會如何反應？

❿當你遇到困難或麻煩時，你會如何反應？

⓫你覺得自己的優點和缺點是什麼？為什麼這麼認為？

⓬什麼事情令你感到自卑，不想被人發現？是從什麼時候開始的？

⓭小時候的你和現在的你有什麼不同？原因是什麼？

練習找出對自己來說「最重要的事」

不受打擾的私人時間

早上送完孩子們去上學，丈夫去上班，雖然水槽裡有一堆用完早餐的髒碗盤，客廳的角落還堆積了灰塵和頭髮，洗衣籃裡也裝滿了要洗的衣服，但我還是會先上樓回到自己的房間，因為從現在到孩子們放學回來，這五、六個小時完全是我的私人時間。我規定自己在這段時間優先做重要的事，而不是家事。我會利用這段時間閱讀、學習或寫作，這就是我撫養三個孩子還能夠同時完成研究所學業的祕訣。

自從我決定要愛自己之後，我除了學習覺察自己的感受，也重新調整生活的優先順序。人生有太多想做跟要做的事了，例如：父母的期許、社會的期望，以及自己心中的嚮往。要實現的目標這麼多，但我們的時間、金錢和精力卻是有限的，所以我們必須做出選擇，也勢必要放棄一些機會。

我的英文程度還沒到爐火純青的地步，一邊讀研究所又要一邊撫養三個孩子確實困難。我從一開始就知道自己不能同時做好女兒、媳婦、媽媽、妻子的角色，所以我直接放棄了整潔的家庭環境、好成績和熱絡的社交圈。如果我放不下它們，我的學業和心情反而會變得很複雜困頓。取而代之的是，我把更多的注意力放在丈夫和孩子身上，因為他們是我生命中最重要的人，也是我展開學習的原因。因為我全心全意投入在自己、學業和家庭之中，所以我的家人們也願意成為我堅強的後盾。

取與捨，帶給了我心靈的自由。我不必為了做給別人看而耗費不必要的精神，並且能自信從容地面對他人的批評。我們會在演講或考試之前感到特別焦慮，是因為想要把它做好。我們樣樣都求好，反而是折磨了自己。這個時候，如果能稍微放下執著，告訴自己「做不好也沒關係」、「失敗或犯錯也沒關係」，就不會那麼焦慮了。除此之外，我們還必須接受一項事實：有些事無論再怎麼努力，光憑人的力量是無法改變的。透過這些練習，我們漸漸學會如何以不完美的姿態，活在一個不完美的世界中。

在有限的時間內，做眞正想做的事

自從我在美國加州考上專業的婚姻家庭治療師之後，周遭的人就經常問我是如何一邊面對沉重的課業，還能一邊撫養三個孩子。在美國，專業的心理治療師除了要擁有諮商碩士文憑之外，還要完成三千個小時的實習並通過認證考試，才能成為正式的專業婚姻家庭治療師。就算是全職學生，也要花上六到七年的時間，因此有不少人即使感興趣也只能默默觀望，不敢輕易挑戰。

我之所以能夠養育三個孩子又完成學業，首先是因為我運氣好，有一個一直支持我、鼓勵我的丈夫，三個孩子也都健康，從沒住過院。在我有需要的時候，公婆還會幫忙照顧孩子和打理家務。如果少了任何一個條件，我恐怕無法辦到。而最後，讓我完成這幅拼圖的最後一片關鍵，則是我的意志和努力，也就是「時間管理」。

美國知名管理學大師史蒂芬．柯維（Stephen R. Covey）在《與成功有約》（*The 7 Habits of Highly Effective People*）一書中，把時間管理分為四個象限。第一象限是緊急且重要的事，例如：突發事故、家人生病或截止日期迫在眉睫的工作，這些事情非常緊急，理當優先處理；第二象限是對自己人生有意義且重要，但不緊急的事，例如：自我成長、健康管理，以及陪伴家人；第三象限是緊急但不重要的事，一通電話或簡訊、突如其來的聚餐或邀約都算在此；第四象限是既不緊急也不重要的事，例如：上網、漫無目的地轉著遙控器、查看社群網站等。我們應該把大部分的時間花在第一和第二象限，但是人們往往說自己很忙、沒有時間，而忽略了不緊急但重要的事，因為它們沒有急迫性，但柯維認為，現代人真正沒有時間去處理第二象限的原因，是因為把大量的時間浪費在第三及第四象限上。

當時間一點一滴流逝，第二象限的事情也漸漸變成「緊急且重要」的事，但那個時候後悔就太遲了。你可能做不成真正想做的事，或因為你的忽略使家人之間的誤會越來越深，演變到無可挽回的地步。這就是為什麼很多人明明非常勤奮努力，到頭來卻是一場空。柯維想要強調的是，**人們應該把時間優先分配給第一和第二象限，這才是讓人生不後悔的最有效方法。**

我也是把時間優先分配給第二象限，對我來說是閱讀、上課，以及陪伴家人。我重新整頓了生活的優先順序，也幸好有這麼做，才能順利照顧三個孩子並同時兼顧學業。我從二十年前就開始每天分配一點時間給不緊急但重要的事，經過多年的累積，我才能造就今天的成就並擁有穩定的家庭生活。今天你投資的三十分鐘，到了五年、十年後，會以你想要的生活方式回報給你。

千萬別忘記，我們每個人都只有一天二十四小時，而且頂多活到一百歲。**我們在這麼有限的時間裡，不應該被緊急的事情追著跑，而是要優先處理對自己來說更重要、更有意義的事。**去做你真正想要、真正需要的事，活出你自己的人生。

愛自己的練習

思考人生中的優先順序

平時我們光是處理生活的大小事、手邊緊急的事，就忙得昏頭轉向了。不能否認，你的確很認真盡力過好每一天，但有時候你必須回顧生活，確認自己是否在虛度光陰？你的人生中，真正重要的是什麼？你一天大部分的時間都花在什麼事情上？你有沒有因為自己沒時間，而拖延不去做真正重要且有意義的事呢？

以下，是一些能幫助你思考人生優先順序的問題：

- 有什麼事情是你覺得必須負責的嗎？
- 對你而言，什麼東西的價值是歷久不衰的呢？
- 你認為生活中最重要的事情是什麼？
- 如果有一天你不在了，你希望自己在親友心中留下什麼樣的印象？

• 如果今天是你的最後一天，你最後悔的是什麼？
• 如果你已經財務自由，你希望過著怎麼樣的生活？
• 什麼事情是你希望能夠做好的？

療癒的開始

審視自己，才是療癒的開始

我在接觸諮商學時體悟到一件事，那就是：真正的療癒與修復無法靠別人，只能靠自己。身心科醫師或專業的諮商師只負責點出錯誤的認知和信念，並提供更好的選擇方向，但並不能幫患者或來談者過他們的人生。如果一個人不去接受自己的處境，又不採取行動做出更好的選擇，恐怕誰也沒辦法拯救他；這就是為什麼有些人在幾個月內好轉，有些人經過了好幾年仍原地踏步。

當然，在這個過程中，專業人員必須做好傾聽和激勵的角色，耐心等待患者鼓起勇氣，靠自己站起來。這意味著每個人都可以靠自己療癒、修復和成長。尤其我相信任何一個心靈健康的人，都可以做到自我療癒。

人類是脆弱且不完美的存在，我們每個人都有各自的弱點。心理學家佛洛伊德（Sigmund Freud）曾說，每個人都有些許的強迫、焦慮和憂鬱等心理狀態，只是程度的不同而已；這就好比有人高膽固醇，有人高血糖，有人高血壓，有人低血壓。通常人們發現身體的弱點時就會透過吃藥、調整飲食、運動等方式來及早「管理」它們，以回歸正常生活。當然也有人毫不在意，因為他們當下並不覺得疼痛或不舒服，所以想吃什麼就吃什麼，完全不控制，這些人總要等到身體明顯出現問題才悔不當初。精神疾病也是如此，很多嚴重憂鬱和焦慮的案例，都是長期不去正視自己或家人的精神問題，導致後來惡化到承擔不了的程度。因此我們必須及早了解並管理自己的氣質和弱點，這樣才能活得更久、更健康、更快樂。

要做到這一點的先決條件是「認識自己」。然而，大部分的人並沒有好好探索自己，我們無意識地保護或忽視自己的弱點，把注意力都放在別人怎麼看自己。我們認為要用光鮮亮麗的生活來代表自己，例如：就讀好的人學、找到好工作、找到條件好的另一半，並相信只要過得跟別人一樣，就能像他一樣幸福。然而，人格的發展和成熟是相當個人的事情，沒有人能代而為之。**因此，如果一個人沒有勇氣面對自己的內心，療癒或修復都是天方夜譚。**

面對並接納自己的創傷

認識自己的第一步，是面對內心的創傷。對我而言，就是承認我的父母並不完美、他們過去並不是好父母等事實。接下來，我慢慢從記憶中拼湊起從前那個為了獲得他們的認同和愛，曾經痛苦掙扎的自己，並回顧在突發事件和無法控制的環境中，束手無策的自己。我面對有時被拒絕，有時孤獨、有時憤怒憤慨，自己很不堪的那一面。我鼓起勇氣去面對一直深藏在心底的自卑、羞恥感、罪惡感和憤怒，承認該承認的，放下該放下的。過程中，我好像又回到了當初的情境，又被痛苦折磨了一遍。

創傷的可怕之處在於，它讓受傷的心靈一直停留在過去，妨礙內在成長。一個人如果內心不成熟，其人格發展也會受到阻礙。不平靜的心靈很難建立健康關係，換言之，唯有面對自己的不成熟，才能克服它，成為真正的大人。

我失去了生活目標，也沒有信心在世上獨活。比起悲傷，極度的無助更可怕。我無心理會兒子是否在家，成天對著枕頭邊丈夫的遺照禱告，像唸咒語一樣不斷地說：「老公，帶我走吧！」三個月後，丈夫帶走的不是我，而是兒子。我就算撕爛了這張烏鴉嘴，也消不了心頭的痛。我恨透了丈夫，我這麼懇切地求他，他居然用這種方式回應我。我立刻扔了遺照，連看都不想再看到。不該是這樣的，拜託，告訴我這只是一場夢。我徘徊在空蕩蕩的屋子裡，甚至衝去撞牆，但惡夢沒有醒來。比悲傷更可怕的，是羞愧。

——摘自韓國知名小說家朴婉緒《漫長的一天》

我認為朴婉緒的作品之所以受到廣大讀者的歡迎，是因為她就像拿著手術刀，一刀刀解剖人的內心世界，纖細又犀利。她一定也覺察出許許多多隱藏在自己內心的醜陋面。在她的作品中，看得到人既不喜歡被干涉，沒人理會又不甘寂寞；一方面想要獨立，一方面又渴望獲得歸屬感；既見不得別人好，又怕被人說小心眼——這就是人性。朴婉緒把人們想隱藏的心思、羞於表達的欲望、自私、焦慮、恐懼等心理狀態描寫得相當細膩，令人痛快且發人深省。

像朴婉緒這樣能夠與內在自我對話的人，才算是一個真正的大人，因為只有自己才能主宰自己的內心。此外，家人是協助你開啟自我對話的幫手，事實上，很多時候都是因為家人，讓你突然顯露出自己拚命想隱藏起來的情緒或樣子。

和社會上認識的人相處時，你可以在適當的距離下，保有適當的禮貌；你也可以主動遠離或拒絕那些你不想接近的人。然而，你不可能對住在同一個屋簷下、天天都得見面的配偶或孩子那樣做。因此，通常也是家人最容易挑起你隱藏在心底的傷口和自卑感。當那些不堪的一面顯露時，如果能正面迎接它們而不逃避，就能開啟療癒和修復之路，成為一個更成熟的大人。這就是為什麼有人說，結婚生子會讓一個人成熟。相同道理，如果你每次都被激怒，每次都感到不舒服，問題可能不在於他人或環境，而是自己。把錯誤歸咎給別人之前，先好好審視自己的內心，這就是療癒的開始。

愛自己的練習

如何善待自己？

為了調理並療癒受傷的心靈，你必須先好好照顧自己。然而，人們往往因為忙碌而不去做，或誤以為暴飲暴食、打電動、飲酒或購物就是在善待自己。這些絕對不是健康善待自己的方式，真正的善待自己，應該是讓疲憊的身心好好休息並獲得修復，以下的方法提供參考：

- 規律運動。
- 在陽光下散步。
- 冥想。
- 寫日記。
- 泡澡。
- 培養多項興趣。

- 健康飲食。
- 遠離通訊軟體、電子郵件或社群媒體。
- 遠離電視或YouTube。
- 充足的睡眠。
- 與心靈相通的對象交流。
- 露營。

請試著找出能夠補充你內在能量的活動，好好照顧自己，如此一來，你的人際關係也會變得更加和諧。從今天起，每天花點時間善待自己，即使只有短短的幾分鐘也絕對值得。

療癒之路尚未走完

都是我的錯？

去年，我的大女兒在離家十至十五分鐘車程的咖啡廳打工。當時她還沒有駕照，只能靠我開車送她去上班。美國不像韓國大眾運輸便利，開車接送是常有的事。有一天，女兒動作特別拖拖拉拉，我很想大聲催促她「妳這樣下去打工就要遲到了！」但我心想，遲到的人又不是我，而且女兒都十八歲了，應該靠她自己醒悟，因此我就在一旁默不作聲。

女兒拖到離打工只剩十分鐘的時候才終於上車。出門慢吞吞的她注意到時間只剩不到十分鐘，而且我又很討厭遲到，一上車就說：「要是給爸爸載，不用十分鐘就到了，給媽媽載每次都遲到。」我本來已經很看不慣女兒拖拖拉拉的樣子，現在還被說得像是我開車慢害她遲到，瞬間我就火山爆發了。

「喂！我載妳多少次了？妳既然知道我開車比妳爸慢，妳不是應該早點出門嗎？現在反倒怪起我來了！」女兒在我的怒斥之下不敢多吭一聲，只說了一句：「知道了，下次我會早點出門。」在抵達咖啡廳之前，我們兩個人一路上都不講話，車內的空氣就像結了冰一樣。

「我遲到是妳的錯」這句話引爆了我的情緒，讓原本平靜的心湖被攪和成了渾水。老實說，如果是以前的我，可能整整十分鐘的車程都在翻女兒的舊帳、罵她罵到臭頭，把她罵成一個十惡不赦的壞孩子，同時女兒一定也會不甘示弱地反擊，整趟路上就會是一場大戰。

但情緒引爆的瞬間，我知道我內心突如其來的憤怒並不是女兒引起的，而是她的那番話觸碰到了我內心的傷口。所以我一路上都不講話，免得把怒氣發洩到孩子身上。這就是我這幾年來的轉變，我努力不要像以前那樣，把自己的創傷變成別人的創傷。

然而即使我回到家，心情仍未平復。我左思右想，問自己為什麼如此心煩氣躁？這件事有嚴重到需要氣成這樣嗎？我現在的情緒是憤怒嗎？還是其他情緒？我的行為是為了孩子著想，還是自我防衛？我像諮商師一樣，詢問自己那非理性且突如其來的感受到底是什麼，最後我找到了答案。

還有很長的路要走

我從小最討厭的事，就是成為別人的負擔。我認為母親之所以離不開沒有愛的婚姻、斷不了痛苦的婆媳關係，都是因為被我綁住了。母親最常說：「我再也受不了妳爸跟妳奶奶了！」「為了你們我只能忍，我不想讓你們變成沒媽的孩子。」彷彿母親不幸與痛苦的最大原因就是我跟哥哥。沒有我們兄妹倆，母親一定能自由翱翔。然而，我們無法輕易放開她，因為母親是我們的救命繩索，雖然懂得她的辛苦、難受和痛苦，但那條細弱的繩索畢竟能救命，怎能放手？在我內心深處，其實一直很難過自己是母親的包袱與枷鎖。

因此，我極度厭惡自己變成別人的負擔或帶給別人麻煩，我也從來不去碰自己沒辦法負責到底的事或人際關係。這就是為什麼我這麼討厭聽到「都是妳害的」這句話了。

跟女兒吵架讓我烏煙瘴氣了一整天。雖然理智上明白了，但內心仍然憤恨不平，無法平復。我就像是一鍋沸騰滾燙的水，為了不讓水溢出來而努力用蓋子把它蓋起來。

儘管我離家已經二十多年，年紀也到了中年，還是生了三個孩子的媽，但是我的修復期還沒結束。很多時候我恨不得中斷這個無聊、煩悶又痛苦的過程，什麼都不要管，把問題掩蓋過去，假裝沒這回事，過一天是一天。但是為了我自己，也為了我所愛的人，我不可以這麼做。雖然不知道未來我還必須面對不堪的自己多少日子、流多少淚，但我知道我不會再逃避了。因為我正走在自我成長和守護家人的正確道路上，所以我甘願持續修復下去。

當創傷被觸碰時，反而要正視感受

即使身為心理治療師，也不一定總是處於平靜的心理狀態，人際關係也並非完美無缺。人生難免會遇到一些不順遂的事，可能你從未察覺的創傷被人觸碰而痛苦不堪、遇到突發事件，或者壞事連連找上門。無論一個人多麼成功、生活多麼精彩，人生也不會總是一帆風順。有時候不小心遇到了狂風暴雨，有些人完全被擊敗，有些人則能順利逃脫、從逆境中恢復。

去年，我們社區中跟我很要好的某個朋友輕生了，地點還在我平時常去的地方。聽到這突如其來的噩耗我很難過，身為心理師卻沒能阻止悲劇發生，我感到十分內疚和莫名憤怒。然而同一時期，我一個好朋友的丈夫也突然心肌梗塞過世，另一個朋友的家人也被診斷出癌症。才短短一個月內就發生了這麼多事情，我也跟著緊張了起來，彷彿下一個不幸的人就是我。我變得很憂鬱、焦慮，還因此做了好幾天的惡夢，胃也隱隱作痛。

以前的我遇到這種不舒服的感受時，一定會手足無措，不是壓抑就是逃避。但是自從我學習與內在相處之後，我知道該如何安撫、鼓勵自己。我會對自己說：「今天心情如何？昨天是不是也沒睡好？現在仍會焦慮和痛苦是很正常的，不要急，慢慢來。妳對逝世的朋友感到內疚、憤怒，是可以理解的。想哭就哭吧！沒關係。」

透過這樣的自我對話，我每天持續觀察自己的感受，然後送走這些情緒。有時候我任由自己哭泣，有時候透過書寫或找信任的人傾訴以尋求安慰，慢慢讓心靈獲得療癒。

雖然我做過心理諮商、學了心理學，但並不表示往後所有問題都將迎刃而解，也不會每天都無憂無慮。但是，我能夠在創傷被觸碰或遭遇不幸時，堅強地站起來。我知道該如何處理生活中的不幸與痛苦，以及如何與之共處。當它們發生時，我會先仔細觀察內心感受，做好自我支持和自我鼓勵。我會持續一輩子做這件事來加強我的心理復原力。

愛自己的練習

找出你的情緒觸發點

每個人都有自己的弱點和自卑之處。有時某人的一句話或不經意的一個舉動，進而觸碰到你的情緒觸發點時，就會引爆情緒。但問題是，對方往往不知情，就像不小心碰到了你蓋在衣服底下的傷口一樣，讓你痛得不得了，而這些隨時都可能引爆的情緒觸發點，經常導致人際關係出現誤會和衝突。

為了管理好自己的情緒，你必須了解哪些是你的情緒觸發點，以下問題能協助你找出它們：

- 別人做什麼事讓你特別在意或困擾？
- 什麼樣的語氣會讓你生氣？
- 什麼樣的情況會讓你想逃避？
- 什麼是最令你不舒服也不想感受的情緒？

- 你是否總是為了相同的事或情況，與親近的人發生衝突？為什麼？
- 你是否有無法忘卻的回憶？那是什麼？
- 什麼事在你心中留下難以抹滅的傷痕？

請務必花時間思考並回答上述問題，找出引發情緒的觸發點，如此一來就算他人無意間觸動了你的情緒，你也能好好管理自己的反應，避免表現得過度激烈。

成爲眞正成熟的大人

長者（elder）與老人（old）之別

「成為大人」並不是成長的終點而是成長的過程，「活著」就是生命結束之前一連串的成長過程。當你不斷學習什麼才是人生中真正重要、真正帶來幸福的事，就會獲得成長。因此我每一天都腳踏實地地學習。

——摘自韓國著名心理學家金惠南《做為一個大人》

大部分我遇到的人際關係問題，原因都出自於內在的不成熟。一個人不論多認真過活、多努力行善、成績再好、錢再多，都不能代表內在心靈也一樣成熟。我自己就見證過，要是兩個不成熟的人結婚生子，會對所有人造成多大的辛苦和困難。成熟絕對不是靠時間得到的，有些人順利成為了心目中的成熟大人，也有些人變成了只有一身衰老軀殼的老人。

在學習高齡諮商時，我發現成熟的長者（elder）和固執的老人（old）有著極大的差異。高齡者即使因為老化、生理機能衰退，有些人仍可憑藉豐富的生活經驗和智慧，像孩子或年輕人一樣，有著柔軟又開放的思維；然而，也有些人像石頭般固執、冥頑不靈。要改變一個七、八十年來思想和心態都僵化的老人，簡直難如登天。

人的幸福跟經濟狀況或成功無關，而是和人際關係是否和諧有關。想要創造和諧的人際關係，靠的不是能力條件或地位，而是品格。如果一個人為了達成目的而不擇手段，成天用自己的標準去衡量他人，還堅持所有事情都得按照自己的意思去做，那麼他還不算個大人。如果一個人只會抱怨孩子和配偶不願改變，這樣也不算大人。

我在療癒自己的創傷過程中，學會用客觀的角度看自己，我不僅看到了自己的優點，也接納了缺點和不足。我承認並接受自己還有許多不成熟之處需要改進。當我能夠包容自己時，我也更容易肯定和包容別人，因為我的同理心和包容力變大了，而這個轉變也改善了我的親子關係和夫妻關係。

成熟大人的共通點

我認為受世界矚目的韓國女演員尹汝貞，與人氣 YouTuber 米蘭阿嬤之所以受到許多年輕人的喜愛，是因為她們帶有這個時代所嚮往的長者形象。她們的生活態度和做事方式都和年輕人一樣積極主動，但同時又謙虛為懷，並且有自己的原則和定見，以及寬廣的心胸。一個超越年齡、性別、時代，受到所有人尊敬和認同的「大人」，通常有以下幾個共同點：

❶尊重每個人都是獨立的個體

不論在情感還是物質上，他都不會依賴他人，也不會基於任何理由去利用他人。即使他擁有很高的名聲地位，也能尊重他人，把每個人視為獨立的個體。所謂「登大人」，是覺悟到人生中唯一能隨心所欲改變的，只有自己的心。

❷能夠承受自己的脆弱

真正的大人明白，無論過去成就有多麼輝煌，生命中的榮耀和成功都只是一時的，且自己擁有的知識和經驗也不全面。他知道自己可能也會犯錯，所以態度更謙虛，對他人有肚量。成熟大人最重要的條件，就是對自己和他人富有包容心。

❸不會留戀於過去的成就，而是積極主動學習新事物以突破自我

例如，韓國哲學家金亨錫教授即使年過百歲，仍然勤學不倦。過去我們讀書和學習技能是為了找工作和賺錢，而現在我們學習是為了豐富人生和長智慧。活到老、學到老，不停成長的人才是真正的大人。

總地來說，「真正的大人」無關乎社會地位、成功與否，而在於內心是否成熟。如今我已過不惑之年，我時時思考和反省，認真努力過好每一天，希望以美好的姿態在有限的生命裡走一遭。

俗話說，人到中年，長相全靠自己負責。除了長相之外，中年之後的人生是否順遂，也完全取決於自己的價值觀和個性。畢竟青春、健康、才能、技能，都會隨著時間而衰敗，能夠留下的只有人品和生活態度。我希望我老了之後，會是一個讓年輕人嚮往的長者，而不是一個讓他們搖頭的固執老奶奶。

愛自己的練習

有效的溝通方式

很多人抱怨人際關係常常讓自己心累，其中，最常見的問題就是「溝通不良」。即使在同樣的國家、講同樣的語言，還是會出現無法溝通的情況，那是因為彼此之間少了情感的交流。許多人把溝通想成單純在傳遞知識和訊息，但是有效的溝通應該要敞開心扉，分享彼此的感受以及互相理解，不妨參考如下重點：

❶接受彼此的差異

這個世界上沒有任何人擁有完全一模一樣的思考模式，因此無論與誰溝通互動，我們都必須接受對方「不同於我」的事實。即使是血濃於水的家人也會有各自的想法和價值觀，而這些差異沒有「對錯」，只有「不同」。與人溝通時，我們必須以開放的心態尊重對方的想法和意見，這樣才能夠達到真正的心靈交流。

❷在彼此舒適的狀態下展開對話

不論談論的主題為何，只要處於身心疲憊的狀態，就無法好好接收對方的訊息。如果你只顧著自己，卻不考慮對方的情緒或當下的狀況，就很難期待有良好的溝通。此外，在吵雜的環境下也很難專心交談，因此當你需要認真聊一聊的時候，應該選擇所有參與者都能專注的時間及地點，且還要考慮對方是否已經做好交談的心理準備。

❸多聊聊對方感興趣的話題

如果你們聊沒幾句就聊不下去，主要原因可能是你和對方感興趣的事情不一樣。即使內容再好，如果聊天的主題吸引不了對方，聽久了就會膩，像在碎碎唸。這樣的聊天模式久了，對方甚至會避開和你碰面的機會。如果你期待一段深度的對話，那麼內容就應該以對方感興趣的話題為主。

❹耐心傾聽

通常溝通不良是因為我們只顧著講自己想說的，不願意聽對方想說的。當你這麼做的時候，對方也不會好好聽你說話。所以，我們應該要培養不插話的習慣，搶著開口之前先耐心聽完對方的話。即使你對他的話沒有興趣，也要等他說完，這樣他才會覺得被尊重，並且也尊重你。「傾聽」是贏得人心最容易也是最快速的方法。

❺聊感受，而不是批評、指責、比較

聊天聊到吵起來，多半是因為聊到最後變成在批評、指責和比較。沒有人會隨著被指責和被比較而立刻做出改變，與此相對，我們應該誠實地表達自己的情緒感受和期待就好，以取代批評與指責。

後記

創傷，也是人生的一部分

受了傷才能產生的珍珠

如果有人問我最喜歡什麼寶石，我會選珍珠，因為它不退流行，低調又帶有女性的柔美和優雅。此外，珍珠也是我的誕生石，而且它跟其他寶石不同，是由生物所產生的。珍珠的形成來自於貝類受傷，是貝類在治療傷口時的分泌物，並經過長時間包覆所形成。珍珠圓滾滾的，柔和卻堅硬，是相當美麗的寶石。珍珠的形成過程帶給我很大的啟示。

並非所有受傷的貝類都能製造出珍珠，被微生物或異物侵入而死亡的貝類占了大多數。這就好比人生，一個人若能克服傷痛、走出逆境，內心就沒有鬱結，能保持愉快心情。他們就像珍珠一樣，溫和又圓融，並且有一顆堅定的心，不輕易受外人影響或受傷，同時這樣的人必定也有很大的包容心。

相反地，一個人如果無法克服傷痛和磨難，只看得見自己的不幸，他的心胸會變得非常狹隘也更脆弱。甚至，他會變得更自私，因為自己還在痛，所以他無心同理別人的困境。「這有什麼好難過的？我比你更慘！」以這種冷漠的姿態有意無意地傷害了他人，如此一來，不是身邊親近的人受傷離去，就是讓關係變得更壞，自己的人生也變得更悲慘。

匱乏，也可以是動力

我也曾經對自己的創傷感到羞愧和厭惡。只要有年紀跟我相仿的人過得好，我心中就出現一個抱怨的聲音：「如果我從小也被愛護、被肯定，我一定比現在更傑出。」但現在我改觀了。童年的痛苦和創傷讓我對美滿家庭有著極度的渴望，這種渴望成為動力，促使我努力學習和做出改善。

換言之，我的匱乏造就我成為更好的妻子和母親。由於匱乏，我對婚姻和子女教育變得更慎重，並且每天要求自己實踐所學，這些努力換來了和諧的夫妻關係和美滿的家庭生活。此外，因為我非常清楚家庭的重要性，所以我懂得同理孩子的心情，並且有強大的使命感去幫助那些帶有創傷的孩子，協助人們修復不美滿的家庭。我知道這些事情不僅關乎個人的幸福，也是維持社會安定的方法。

感謝我的創傷和焦慮，讓我開始探索內心，變成一個善於駕馭自我的人。當然，這個過程非常辛苦也不有趣，就像貝類治療傷口需要時間一樣，經過一段長時間的自我回顧、修復創傷的過程，我終於可以駕馭內心的焦慮。如果沒有這些經歷，說不定我會因為本身的氣質和不快樂的童年生活，罹患很嚴重的精神疾病。

因此，**我相信苦難和傷痛可能在某一刻成為人生的禮物**。每個人都有各自的苦難和傷痛，我相信它可能擊垮人生，也可能產生出美麗的珍珠，這完全取決於一個人的選擇和心態，也就是你怎麼去看待和處理它們。

如果你因為過去不幸的遭遇和心理匱乏，擔心自己跟父母越來越像，或者看到父母的樣子而害怕結婚生子，我想告訴你，別擔心，你不但沒有跟父母完全相同的基因，你們的生活經驗和環境也不一樣，因此你絕對可以做出跟他們不一樣的選擇，過上不一樣的人生，但這一切都取決於你的選擇。

如果你在人際關係中不斷遇到衝突和困難，請先回顧一下自己的內心。生活中許多問題的起因，都是出於沒有好好覺察自己的內心而迷失了方向。若想找回正確的方向，需要你的意志力和努力。即使有時候很痛苦難受，但當你能夠駕馭自己時，就能打造出一顆柔和卻堅硬的珍珠。

最後，希望這本書能發揮小小的力量，幫助各位讀者走出創傷，找到屬於自己的珍珠。

心靈漫步

是家人也是他人

即使是家人，也是另一個獨立的人！如何讓親情不再是負擔？

2024年4月初版　　定價：新臺幣350元

著者	元貞美
譯者	袁育媗
叢書主編	陳永芬
校對	陳佩伶
內文排版	林婕瀅
封面設計	Dinner

出版者	聯經出版事業股份有限公司	副總編輯	陳逸華
地址	新北市汐止區大同路一段369號1樓	總編輯	涂豐恩
叢書主編電話	(02)86925588轉5306	總經理	陳芝宇
台北聯經書房	台北市新生南路三段94號	社長	羅國俊
電話	(02)23620308	發行人	林載爵
郵政劃撥帳戶第0100559-3號			
郵撥電話	(02)23620308		
印刷者	文聯彩色製版印刷有限公司		
總經銷	聯合發行股份有限公司		
發行所	新北市新店區寶橋路235巷6弄6號2樓		
電話	(02)29178022		

行政院新聞局出版事業登記證局版臺業字第0130號

本書如有缺頁，破損，倒裝請寄回台北聯經書房更換。　ISBN 978-957-08-7295-8 (平裝)
聯經網址：www.linkingbooks.com.tw
電子信箱：linking@udngroup.com

가족이지만 타인입니다:조금 멀찍이 떨어져 마침내, 상처의 고리를 끊어낸 마음 치유기

國家圖書館出版品預行編目資料

是家人也是他人：即使是家人，也是另一個獨立的人！如何讓親情不再是負擔？/元貞美著．袁育媗譯．初版．新北市．聯經．2024年4月．208面．14.8×21公分（心靈漫步）
ISBN 978-957-08-7295-8（平裝）

1.CST：家庭關係 2.CST：親子關係 3.CST：家庭心理學

544.1 113001785